全彩图解版

高尔夫运动系统训练

[美] 克雷格·戴维斯（Craig Davies）
文斯·迪赛亚（Vince DiSaia） ◎著

王进◎译

人 民 邮 电 出 版 社

北 京

图书在版编目（CIP）数据

高尔夫运动系统训练：全彩图解版／（美）戴维斯
(Davies,C.)，（美）迪赛亚（DiSaia,V.）著；王进译
. -- 北京：人民邮电出版社，2016.3
ISBN 978-7-115-41620-9

Ⅰ. ①高… Ⅱ. ①戴… ②迪… ③王… Ⅲ. ①高尔夫
球运动—运动训练—图解 Ⅳ. ①G849.32-64

中国版本图书馆CIP数据核字(2016)第019582号

版权声明

免责声明

本书内容旨在为大众提供有用的信息。所有材料（包括文本、图形和图像）仅供参考，不能用于对特定疾病或症状的医疗诊断、建议或治疗。所有读者在针对任何一般性或特定的健康问题开始某项锻炼之前，均应向专业的医疗保健机构或医生进行咨询。作者和出版商都已尽可能确保本书技术上的准确性以及合理性，且并不特别推崇任何治疗方法、方案、建议或本书中的其他信息，并特别声明，不会承担由于使用本出版物中的材料而遭受的任何损伤所直接或间接产生的与个人或团体相关的一切责任、损失或风险。

内 容 提 要

　　高尔夫运动是一项集亲近自然、体育锻炼和游戏于一身的运动。《高尔夫运动系统训练（全彩图解版）》以前所未有的视角审视了高尔夫运动，总结了提升身体的平衡性、移动性、稳定性和球场表现的宝贵经验，展示了增强体力、肌肉的力量以及增加移动范围的专项训练，从而实现更远、更准的击球，减少完成比赛所需的杆数，赢得比赛的胜利。无论是高尔夫球员还是高尔夫运动的爱好者，本书都会对你有所帮助。

◆ 著　　　［美］克雷格·戴维斯（Craig Davies）
　　　　　　　　文斯·迪赛亚（Vince DiSaia）
　　译　　　王　进
　　责任编辑　寇佳音
　　责任印制　周昇亮

◆ 人民邮电出版社出版发行　　北京市丰台区成寿寺路11号
　　邮编　100164　　电子邮件　315@ptpress.com.cn
　　网址　http://www.ptpress.com.cn
　　固安县铭成印刷有限公司印刷

◆ 开本：700×1000　1/16
　　印张：12.25　　　　　　　2016年3月第1版
　　字数：226千字　　　　　　2025年11月河北第39次印刷
　　　　　著作权合同登记号　图字：01-2015-4861号

定价：58.00元
读者服务热线：(010)81055296　印装质量热线：(010)81055316
反盗版热线：(010)81055315

关于作者

克雷格·戴维斯博士现担任佛罗里达州奥兰多市橘子县 Core 高尔夫学院营养与健身系主任。他为多个组织提供咨询服务，如加拿大青少年国家高尔夫项目、荷兰国家高尔夫联合会、土耳其国家高尔夫联合会，以及特立尼达和多巴哥国家高尔夫协会。

戴维斯博士与他人合伙创办了一家高尔夫理疗公司，专门为高尔夫球员提供全面的身体情况分析，提供一流的理疗，帮助他们提高比赛成绩，设计健身计划并提供营养方面的咨询。他曾受邀在 2007 年举办的首届加拿大全国高尔夫运动峰会上做主旨发言，现担任耐克高尔夫健身教练。戴维斯博士出生于加拿大安大略省尼亚加拉大瀑布区，现居住在佛罗里达的奥兰多市。

文斯·迪塞亚博士是一位力量和身体调节方面的专家，也是一名脊椎指压治疗师，专业从事针对高水平高尔夫运动的健身和理疗服务。他获得了 Titleist Performance Institute 颁发的高尔夫医疗健康专家二级认证证书。迪塞亚博士是 Triple Dynamix 公司的创始人之一。该公司提供 DVD 练习教学课程，帮助常见的身体受伤部位实现康复或加以强化。他一直以来都在帮助业余高尔夫球员，以及参加 Futures、LPGA、亚洲锦标赛、日本锦标赛以及职业高尔夫协会巡回赛等各大赛事的专业球员。

迪塞亚博士还拥有 KVest 证书，可以获取和分析高尔夫挥杆动作的 3D 图像。他通过理疗、生物机械分析、健身训练、优化营养等手段全面改善高尔夫球员的身体健康。目前，他与妻子及两个儿子生活在加州南部，并在那里工作。

目 录

序　言

在美国职业高尔夫球协会（PGA）巡回赛上与世界顶尖高尔夫球手比赛，要求选手们进行残酷的身心调节训练。2009赛季，我参加了25场锦标赛，凭借健身训练的成果取得24场进入后两场比赛资格的好成绩，最终在美国职业高尔夫球协会巡回赛的奖金排行榜中名列第16位，并且加入国家队参加美国总统杯比赛，代表自己的国家参赛并取得胜利。取得这些成绩以及达到如此高的稳定性，要求我的高尔夫球技必须面面俱到。

过去10年中，职业高尔夫球界出现的最显著变化是：球员必须将他们的各种身体技能发挥到极致。由于球员们纷纷希望保持或取得超越对手的优势，美国职业高尔夫球协会巡回赛随行用于健身的房车一年比一年忙。自从几年前与我的好友克雷格·戴维斯（Craig Davies）博士共事以来，我更加关注通过健身、增加营养和体能来提高球技。在比赛的数周时间内，我确保在比赛和赛前练习开始前进行大约30分钟的充分热身。同时，每天赛后保证充足的时间进行健身以及预防性的理疗。赛季期间的每周运动计划既是为了提高比赛成绩，也是为了避免受伤。众所周知，高尔夫是一项高强度的重复运动，如果不注意照顾好自己的身体，会对身体产生很大的磨损。不论专业高尔夫运动员，还是周末业余爱好者，四分之一以上球员需要依赖止痛药来打满整场比赛，这种现象也是司空见惯。如果你关注你的身体，那么你就不需要依靠止痛药。

尽管赛季期间关注身体是否适应高尔夫运动很重要，但真正能够大幅提高身体全面技能却要靠赛外的时间。对于业余球员和专业球员来说，尤其是那些居住在较为寒冷地区而且冬季又不能打高尔夫的球员，认识到这一点很重要。赛外时间为我们提供了最佳的时间，真正通过集中训练来提升健康，改善身体，提高短期和长期球技。

本书对于各套技能（包括平衡性、移动性、稳定性、力量和爆发力）以及预防损伤练习进行了精彩的分解，将其变成了一系列简单易学的步骤。我已经与克莱格·戴维斯博士合作了很多年，本书中展示的许多练习正是我在自己的练习中所使用的。我建议大家特别注意在做这些练习时采取的形式，提醒各位不要匆匆了事。这些练习可以帮助我提高球技，也能帮助你们提高球技。

亨特·马汉（Hunter Mahan）

前　言

过去几十年来，高尔夫球受欢迎的程度急剧上升，催生了高科技高尔夫装备和训练器材在制造方面的革命。人人都在寻找神奇的球杆、球，或训练辅助工具，帮助他们把球打得更远，减少完成比赛所用的杆数。但是在过去的30年中，尽管球和器材制造技术取得巨大的进步，但是北美地区球员的平均差点根本没有发生变化。出现这种情况的一个主要原因在于高尔夫球员不同于其他运动员，在改善身体素质、提升挥杆过程中准确移动身体的能力方面所花时间和精力非常少。缺少这一关键因素，高尔夫球员不仅无法充分发挥自身的潜能，而且还面临很高的受伤风险。

高尔夫球员试图提高球技时，会不惜重金购买高质量的球杆，也毫不吝啬时间参加各种培训课，但是却忘记打磨他们拥有的最有效利器：他们自己的身体。高尔夫球员人人都想打得更远、更准，发挥得更稳定，但他们总是试图通过购买价格不菲的新球杆或是经过改良的新球来实现这一目标。但是要更快、更稳固地实现上述3个目标，我们可以通过提高身体的健康水平，从而完成更有力、更有效的挥杆所必需的运动。一旦拥有这样的健康水平，挥杆练习效率会变得更高，新球杆也能比以前打得更远，而高尔夫最终也能给你带来更多的乐趣。

所幸的是，人们日益认识到身体健康对打好高尔夫球的重要性。老虎伍兹出色的训练计划以及在球场上惊人的稳定发挥，推动人们对健康因素进行应有的关注。然而，尽管人们的认识水平提高了，但是大多数高尔夫球员到头来还是不知道打高尔夫球过程中实际使用了哪些肌肉，以及这些肌肉是如何影响挥杆的各个阶段的。高尔夫球员对此缺乏基本的认识，造成了练习缺乏针对性，也不能与高尔夫挥杆动作本身直接联系起来。

在本书中，我们将简单明了地讲解各种关系，让读者可以简明扼要地理解在高尔夫挥杆过程中身体是如何发挥作用的。大家还能学到如何训练身体的各个部位，并且理解身体的各个部位是如何直接辅助提高你的高尔夫球技的。本书对于健身和高尔夫二者关系的阐述是迄今为止最为简单明了的。充分了解挥杆的每个步骤，我们才能在学习和训练过程中获得更满意的结果和更大的启发，提高学习和训练的效果，并获得更多的乐趣。

归根结底，撰写本书有以下几个原因。首先也是最重要的，每位高尔夫球员都应该对于如何正确挥杆有一个基本的认识。因此第1章专门介绍了挥杆的基本内容。这也正是高尔夫教练员希望他们的学员掌握并不断完善的内容，这样才能培养出更优秀的高尔夫球员。虽然高尔夫挥杆动作非常复杂，一章的篇幅根本无法进行全面的介绍，但是掌握第 1 章中介绍的要点，对于我们理解高尔夫挥杆中如何产生力量以及身体健康对于打高尔夫有何重要性是很有帮助的。书中的众多插图让大家对于正确挥杆的技巧有一个直观的认识，同时还可以让大家对挥杆过程中每个点的肌肉的作用有深入的了解。

撰写本书的第二个主要原因是让大家能够明确地了解挥杆过程以及各种练习中使用的肌肉。毕竟，知道得越多，才能训练得越好。本书在介绍健身和高尔夫挥杆时配以详细的解剖插图，详细说明赛场内外每一个运动过程中球员的体内变化。这些练习所配的解剖插图使用不同的颜色区分每项练习和运动中涉及的主要、辅助肌群以及连接组织。

■ 主要肌群　　　　　■ 辅助肌群　　　　　■ 连接组织

通过深入地研究人体，大家不仅能够快速了解每项练习所使用的肌肉，还能快速了解高尔夫挥杆过程中如何直接使用这些肌肉。使用插图的形式一目了然地说明挥杆和身体肌肉的关系是本书的独特之处。这为我们了解身体和高尔夫挥杆以及二者如何密切相互影响提供了一个最简单的方法。

第三，本书还为大家提供了许多简单练习。对于那些直接影响挥杆的准确度、击球距离以及稳定性的肌肉，这些练习可以提高其移动性、稳定性、平衡性、力量和爆发力。通过逐步讲解这些练习，大家可以轻松地进行每项练习。讲解的同时再加上详细的解剖插图，你就可以进行针对性的训练，还能理解训练如何直接提升挥杆质量。自己的身体就是你在球场上能够使用的最强大也是最有效的工具。对于身体这个工具理解得越多，就能更有效地使用和改善它。

本书的另一个主要特点是为大家提供了预防伤痛的知识。高尔夫的挥杆动作是所有体育运动中力度最大、爆发性最强、最为复杂的动作。高尔夫球员的身体所产生和吸收的力量属于体育界中最高级别的。明显的例证就是，高达 80% 的高尔夫球员在职业生涯中至少经历一次伤痛。仅在美国就有超过 3500 万人在打高尔夫，以此算来就有 2800 多万人受伤。受伤比率如此之高，原因之一就是高尔夫挥杆对脊椎产生的压力可以高达身体重量对脊椎压力的 8 倍。要正确认识这一点，我们来做个比较。跑步运动被视为一项身体承受压力很大的活动，但是它对脊椎的压力仅为身体重量的 3 到 4 倍。身体的很多部位都需要有足够的力量和移动性才能承受每次高尔夫挥杆所产生的重复高速的压力。脊椎只是这些身体部位的其中之一。由于我们必须吸收每次挥杆造成的所有压力，因此我们就有足够的理由去保持身体健康、强壮并富有活力。承受不了这些压力会导致身体进行危险的补偿动作，影响挥杆质量，甚至导致受伤。健身运动可以帮助大家在赛场上避免受伤，并取得最佳的成绩。

虽然为了提高高尔夫球水平和减少受伤风险而要改善身体健康是一个重要目标，但是仅仅进行几十项练习或随意训练是不够的。为此，本书特意帮助大家理解高尔夫挥杆涉及的解剖学知识，以及如何最有效地使用这些知识。因为大家训练的目标是提高身体适应某项运动的健康水平，而非仅仅增大肌肉，所以按照功能合理性对各章进行排序是完全合理的。你只能在本书中找到这种针对高尔夫球员设计的独一无二的训练方法。

由于高尔夫挥杆动作的动力本质，身体的很多部位必须保持平衡，而其他部位又要进行高速移动。要打好高尔夫，必须要有速度、力量和爆发力，但是要有效获得这些能力，身体必须先具备充分的移动性、平衡性和稳定性。因此，本书前面几章重点介绍高尔夫球员身体的移动性、平衡性以及稳定性，而将力量和爆发力内容留到后面的章节再进行介绍。大家不必完全掌握前面章节再进行下一章节的学习，但是如果身体的移动性和稳定性严重不足，就不能仅做爆发力训练。这些练习和章节的排列方式容易理解，便于学习，大家实现健身和提升高尔夫球成绩的目标同样也很简单。

拥有一个适合打高尔夫的健康身体，绝对可以降低受伤的风险。但是却不能杜绝高尔夫运动中受伤情况的出现。因为高尔夫挥杆的爆发力很大，受伤情况肯定会出现的。针对这个原因，我们专门用一章介绍高尔夫球中最容易受伤的5个身体部位。大家可以学习针对每个部位的独特练习，帮助该部位康复或避免出现特定部位受伤。了解和认识高尔夫运动中最常见的伤痛，大家就可以避免痛苦和退赛局面的出现。

本书介绍了很多有用的信息，并且真正面向的读者可分为以下几类。第一类也是最主要的读者是所有希望避免受伤，改善健康，把球打得更远、更准并且追求稳定发挥的高尔夫球员。本书可以帮助他们理解挥杆背后的解剖学知识，以及利用这些知识进行有效训练的方法。可从本书中获益匪浅的第二类读者是专业教学人员。他们从中可以更深入地理解挥杆过程中的身体动力学知识。教学人员往往没有意识到或没有能力发现他们教授的学员在身体上的各种不足或限制。出现这种情况不是教学人员本身的问题，因为他们是高尔夫挥杆能手，却不是身体方面的专家。但是，增加对高尔夫球员身体解剖学的理解可以帮助专业教学人员提高教学效果，更好地了解球员如何避免受伤，并就如何改善功能不健全的身体部位提出正确建议。利用本书可以增长知识的第三类读者是体能和健身专业人士。虽然他们在健身训练方面是专家，但他们可能对高尔夫挥杆的机械原理认识不足，不能运用正确的训练方法。本书深入详细地介绍了高尔夫的挥杆并说明了如何针对挥杆的重要过程来设计有效的训练方案，从而实现高效、强劲的挥杆动作。

致 谢

本书的问世得益于以下人员，感谢你们无私的鼓励、关爱和支持。

我的妻子，也是我最亲密的朋友安德里亚（Andrea）。对于我在工作中和生活上所做的一切，你总能耐心对待，并坚信不疑，最终帮助我顺利完成本书的工作。

我的妈妈、姐姐、妹妹，还有我的父亲。我生活中每个重要的十字路口上都有你们的支持。你们给了我坚定不移且无与伦比的爱。

与我共事的各级别球员。你们让我有机会分享你们的成长、梦想和成功。我欣赏你们自身的激情、执着和自信，也感谢你们给予我的信任。受邀与你们随行进行指导，我感到非常荣幸。

所有的同事、老师（特别是我 8 年级的老师巴克莱 [Barclay] 女士）以及同龄人。你们在生活和工作中激励我，鼓励我大胆憧憬。对你们我感激不尽。

感谢西恩·弗莱（Sean Foley），多少个深夜，我们在院子中畅谈。你总是不满足于现状，对生活充满激情，你那圣人般的指点总能给我灵感。一直以来，你始终推动我在赛场内外不断进步。

最后，所有高尔夫界的同仁和所有热爱户外漫步的朋友，感谢各位分享你们的经验以及提供的机遇！

克雷格·戴维斯

感谢我的父母支持我一路走来并成就今天的我；感谢我的妻子用爱给我启发，帮助我把握人生旅途的方向；感谢我的儿子们，你们让我真正理解生命的意义，让我每天都感受到幸福。

文斯·迪赛亚

想到世界一流的高尔夫击球手，我们的大脑中就会浮现出轻松有力却又极其优雅的画面。塞尔吉奥·加西亚（Sergio Garcia）、阿尔瓦罗·奎罗斯（Alvaro Quiros）、罗里·麦克罗伊（Rory Mcllroy）和杰夫·奥格维（Geoff Ogilvy）似乎都能平稳有力地击球。想到普通业余球员时，可能是周六上午陪你打球的一个或所有同伴，往往就会浮现出这样的画面，动作缺乏连贯性和协调性，有时甚至出现彻底混乱或没有击中球。高尔夫职业球手打球时，击球似乎是一件非常简单的事。然而，高尔夫的挥杆动作却是所有体育运动中最复杂的。在挥杆的过程中，几乎身体中的所有关节和肌肉都或多或少派上了用场。哪怕只要有一个部位存在缺点或不足，都会让你的挥杆质量大打折扣。如果存在不足的部位多于一个，要发力并实现在整个身体内部传输效率的最大化，即使不是完全不可能，那也是极其困难的。

一般球员最大的一个误解，有时甚至也是高水平球员和教练的误解，就是高尔夫的挥杆速度和动力主要来源于双臂。这种误解的出现，是由于当时人们还没有使用高速摄像机、测力板、肌电图检查和其他昂贵的研究设备测量高尔夫挥杆的力量和动作。在那个高尔夫运动的原始时代（一直延续到几年前），高尔夫教练和学员发现的只是他们眼睛所能看到的。由于高尔夫挥杆运动的速度非常快，以至于高尔夫球员只能发现手臂的运动，以及手臂和球杆划出的平面。如今这种认识已经发生了翻天覆地的变化，人们已经使用现代技术对高尔夫的挥杆进行分析和分解。使用超慢动作柯尼卡美能达摄像机观看美国职业高尔夫协会巡回赛，你甚至都不用解说员也能看个明白。现在，我们清楚地认识到手臂和球杆的运动往往只是实际挥杆的最后一步。

回顾美国职业高尔夫球巡回赛过去几年关于开球距离的数据，我们发现了一些有趣的趋势。让我们来对 1980 年、1990 年、2000 年和 2008 年排名第 1 和第 50 位选手的开球平均距离进行比较（表 1.1）。2008 年平均开球距离不低于 299 码（1 码等于 0.9144 米）的选手有 20 位。2008 年巡回赛第 50 名选手的开球距离超过了 1996 年的第 1 名。

1

表 1.1　美国职业高尔夫球巡回赛开球距离排名第 1 位和第 50 位球员的平均开球距离

年份	第 1 名的开球距离	第 50 名的开球距离
1980	274.3 码	261.0 码
1990	279.6 码	266.4 码
2000	301.4 码	277.5 码
2008	315.1 码	293.3 码

近年来开球距离的增加源于很多因素，最明显的是高尔夫球、球杆杆头和球杆的性能提高了。然而球员的身体素质以及高尔夫大赛中出现了真正出色的运动员也是开球距离增加的主要原因。在 20 世纪 70 年代，甚至 80 年代，参加职业高尔夫巡回赛的出色运动员数量与今天相比要少得很多。90 年代像老虎伍兹这样巨星的出现，以及奖金的增加提升了高尔夫运动的吸引力，因此选择高尔夫作为职业生涯的运动员增加了。如今，在职业高尔夫巡回赛赛场上，我们明显能够发现不再只是会打高尔夫的球员，而是世界级的运动员。

尽管女子高尔夫巡回赛在关注运动员健康方面进展缓慢，但是情况正在发生改变。安妮卡·索伦斯坦（Annika Sorenstam）于 21 世纪头 10 年的中期花大力气推动女子高尔夫运动关注球员健康。她独霸女子高尔夫巡回赛，无人能比。今天的许多年轻高尔夫球新星们，包括擅长远距离击球的维姬·赫斯特（Vicky Hurst），正在利用健身帮助她们取得胜利巩固成果。而今天的高中、大学以及巡回赛阶段的高尔夫球员们与过去的球员相比，块头更大，击球速度更快，身体也更强壮。随着新一代高尔夫球员的出现，高尔夫球界被迫对高尔夫球和球杆制定新的规则，增加赛道的长度和难度。为了适应这些变化，高尔夫球员们必须不断改变自己。这就意味着他们必须将身体发挥到极致，赶超对手。业余高尔夫球员也受到这些变化的影响。针对当今一流球员的强劲表现，如今在建的赛道距离更长。高尔夫球场硬件上的这些变化增加了一般球员打高尔夫的难度。本书通过简单易学的方式介绍如何改善健康，帮助业余球员缩小差距。

通过高尔夫健康训练培养正确的击球技巧

如果说长期以来我们对高尔夫存在一种坚信，那一定是技巧很重要。多年来，我们咨询挥杆教练如何提高挥杆技巧：正确的握杆、站姿、起杆等。教练们利用无数次的练习帮助学员掌握挥杆的感觉和姿势。然而，谈到最佳的挥杆方法，最出人意料的发现是没有最佳方法。挥杆的方法不胜枚举。很多都殊途同归，即杆头的正面不偏不倚地击中高尔夫球。所不同的是挥杆的效率。如果将亨特·马汉（Hunter Mahan）和吉姆·福瑞克（Jim Furyk）的挥杆动作放在一起进行比较，你会发现它们存在天壤之别。显然，这两位球员都是出色的高尔夫运动员，两人都被认为是世界级的击球手。尽管他们的挥杆风格截然不同，但两人的挥杆效率都很高，下杆阶段产生的能量在击球瞬间传递到高尔夫球上的比例非常高。将你自己的挥杆动作与你最喜爱的球员的动作进行比较，试图模仿他的一举一动，以此来提高你的球技，这种做法不可取。关键还是要让你的身体能够充分发挥潜力，实现最高效的挥杆。高尔夫运动的未来发展靠的不是仅仅模仿一套标准的挥杆动作，而是将力学技巧与有效动作进行融合。每个球员的关节移动范围、力量水平以及平衡不一致性都是独一无二的。球员只有将自己的特点发挥到极致才能真正实现最出色的能力。

普通球员面临的一个最大问题就是不能做到或再现挥杆教练希望的动作。教练和学员对此都很懊恼。直到最近，很多人才考虑到球员的身体本身就是障碍。如果你开车时汽车总是向右偏，你立刻就会想到，汽车需要进行机械校准。而球员的身体一直朝着错误的方向运动，我们却没有想起来他们的身体也需要进行机械校准，没有想到这一点似乎有点荒唐可笑。高尔夫运动的史前时代，人们认为高尔夫球员没能做到某些动作那是因为技术不到位。所以，挥杆教练就必须花大力气解决这些技术层面的限制。

仅在美国，人们每年学习高尔夫的学费就高达数百万美元。即使花了这么一大笔钱，北美的平均差点 30 年来却一直没有改变。我们必须要思考这样的一个实际情况，高尔夫的挥杆教学重点还是放在仅仅改变表象，而没有提升身体内部动力的质量，后者关系到我们运动的能力。我们身体的每一个关节都有一个我们特有的活动范围。我们每个人都是不同的。有些人身体的活动性强，而有些人的身体活动范围比较有限。如果我们在放松状态下都无法实现肩膀 360 度转动，那么在挥杆的过程中肩膀又怎么能做到 360 度转动呢？指望肩膀做到这一点是不合理的。问题就出在这里，由于运动范围的限制，有些姿势是做不到的。但许多人在学习击球时，都试图让身体做出无法做到的姿势。除非高尔夫球员改善了身体，增加了运动范围和力量，否则挥杆过程中是做不出这些姿势的。

因此你必须先在身体上达到一定水平从而适合高尔夫运动，然后才能指望正确有效地提高挥杆质量。实际上，高尔夫的挥杆动作与正常运动差异很大。没有正确的事先训练，我们不能期望我们的身体能够如愿完成这项任务。

那么什么是适合高尔夫运动的健康，我们又如何做到呢？每项运动都有其自身独特的要求，高尔夫也不例外。然而，高尔夫健康与我们去健身房追求的健康存在很大的差异。我们都听到过这样的说法，高尔夫是一项对立的运动。最能说明这一点的莫过于目睹金河珍（Anthony Kim）或安德烈斯·罗梅罗（Andres Romero）将球打到300码开外。一个身材如此之小的人如何能将球打得这样远呢？显然光靠蛮力是不够的。它是多套技巧完美结合形成的结果。这些技巧包括充分移动，保持稳定和平衡。该书不仅教你什么练习对于提高挥杆技术有效，而且还告诉你完成这些练习的顺序。

要实现适合高尔夫运动的健身，需要培训的内容包括移动能力、稳定性、身体意识、力量和爆发力。训练这些具体内容的顺序与训练内容本身同等重要。按照正确的顺序进行这些练习才能实现最有效率的训练，同时还可以减少受伤的风险。事先身体的移动性没有达到一定的水平，就急于进行力量训练，很容易造成受伤，也使得健身训练对高尔夫球场成绩的贡献微乎其微。在身体移动性和稳定性方面打下一个坚实的基础，这对于塑造一个真正适应高尔夫挥杆的身体来说至关重要。

发力和加速

在高尔夫球界最高水平的比赛中，球员们改变他们的挥杆方式来提高发力的效率，这种现象已是司空见惯。本书的目的在于介绍可帮助你进行高尔夫健身的各种练习，讲解当今一流教练和球员提高高尔夫挥杆技术效率时使用的一些重要训练原则。

我们在北美以及世界各地高尔夫赛场看到了各种挥杆失误现象，其中很多都是由于使用手臂力量让球杆加速造成的。要获得最大的发力，同时又要确保身体承受的压力最小化，我们必须将地面当作能量转移链条中的第一环。牛顿第三运动定律指出一个物体对另一个物体施加一个力，那么后者一定会对前者形成一个相等的反作用力。同理，用腿对地面施加一个力，那么地面也会以同等大小的力自下而上反向施加给球手的身体。地面传递进入高尔夫球员身体的那个力被称为地面反作用力。地面反作用力接着通过穿过腿部，进入骨盆，最终传递给了高尔夫球棒和球子。这种能量从地面传递到球子，传输的效率越高，那么我们在身体许可的范围内所能发出的力量就越大。

这种能量移动的路线，我们称之为身体的动力链。身体的各个不同部位共同组成了一个链条系统，通过这个系统，身体某个部分产生的力可以依次传输到下一个链。身体各个部分的运动和相互充分协调使得能量和动力可以通过身体各个部分依次进行高效传输。按照这个次序，每一个运动都叠加前一个部位的动能和能量。这种传输和叠加的结果决定了杆头的速度。

这种动力链是一种连接体系，它将全身中各个相邻的关节和肌肉都联系起来了。身体中任何一个部位出现了不足或伤情都会阻碍能量的传递。身体通过透支或误用身体的其他部位试图弥补因传递受阻造成的能量损失，从而补偿这种传递阻碍。主要依靠腿部发力实现的高效挥杆，大的肌肉参与发力。如果身体动力链中出现了薄弱环节，腿部产生的能量就不能有效传递给躯干和手臂。结果，薄弱部位周围较小的肌肉就会承受很大的压力。这样就会导致关节和软组织（包括肌肉、肌腱和韧带）产生疲劳损伤，从而无法实现有效挥杆。

对于薄弱一词，我们必须阐明我们所指的内容。提到身体动力链中的薄弱环节，我们要表达的不是狭义的肌肉缺乏力量。它还包含了关节活动不足以及身体意识不强。充分感知身体每个部位，并将这些部位活动到位，做到这些与拥有强健的肌肉同样重要。所以，薄弱一词的含义包括力量、活动范围或是身体意识的不足。

高尔夫挥杆时所使用的主要肌肉和关节

高尔夫的挥杆动作几乎涉及人体的各个肌肉和关节。因此，很难选择最重要的几个进行重点讲解。化繁就简，我们尝试重点介绍整个挥杆过程中各个阶段使用的各种主要的肌肉和关节。介绍的内容虽然不能面面俱到，但至少可以帮助我们打下一个坚实的基础。

上挥杆或后挥杆

总体来说，上挥杆动作（图1.1）又称为后挥杆，对全身造成的张力和压力要小于高尔夫的其他挥杆动作。在这个阶段，身体平衡、本体感受以及关节和肌肉的移动性往往要比实际肌肉力量更重要。后肩（对于习惯使用右手的球员，指的是右肩）进行充分的向外旋转和收缩，前肩（对于习惯使用右手的球员，指的是左肩）进行充分的外展，向内旋转和延伸，同时后臀部向内充分旋转，前臀部向外充分旋转，脊椎也要充分旋转。做到上述这些，要比拥有强健的大块头肌肉群更加重要。许多高尔夫球员的健身方案存在一个问题，即用于提升移动性或灵活性所花的时间不足。如果一名球员在上挥杆时保持身体平衡，但是他的身体在移动到理想的位置时受到限制，那么不论该球员的肌肉多么发达，或是爆发力多么强，他后面的挥杆动作都会受到负面影响。虽然这个阶段的挥杆，主要依靠的是球员的移动性，但是还需要一些肌肉提供一个稳定基础，这样其他肌肉才能实现运动范围的最大化。

上挥杆过程中，挥杆接近该阶段的最高点时，球员必须发挥后腿股四头肌、臀中肌、臀大肌以及

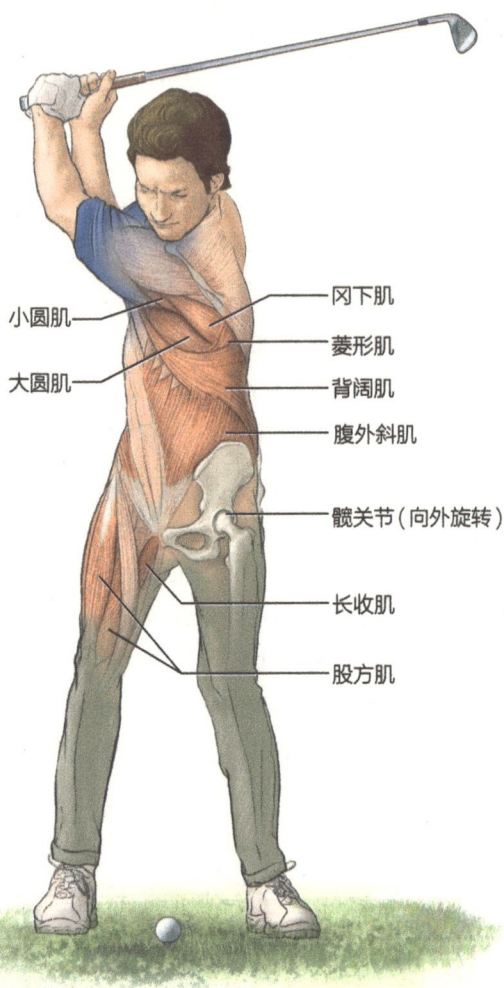

小圆肌
大圆肌
冈下肌
菱形肌
背阔肌
腹外斜肌
髋关节（向外旋转）
长收肌
股方肌

图1.1　上挥杆期间使用的肌肉

腹斜肌的作用。如果这些肌肉有效发挥作用，背阔肌、冈下肌、菱形肌、腹斜肌和多裂肌就能适当拉长，从而实现正确到位的上挥杆动作。

高尔夫教学中利用大量的时间训练学员做到后挥杆的各个姿势。普通甚至高水平的球员练习下挥杆及后续挥杆的时间少得可怜。在健康训练时，大多数的球员都练习拓展全身运动的活动范围。然而，很多球员可能做不到专业球员想要的姿势。如果看不到明显的进步，学员和专业球员都会感到失望，还有可能会导致受伤和糟糕的表现。如果球员的移动性加强了，在上挥杆过程中做到了教练希望他们完成的动作，到那时可以增加下挥杆、击球和后续挥杆的学习时间。

向下挥杆

上挥杆转换到下挥杆（图1.2），这对于运动员的协调能力要求很高，运动员还要能将下体和骨盆与上肢进行区别对待。这两个挥杆阶段的转换，首先球员要将下体移动到位，可让肌肉的效率发挥到最高。一个主要的目的就是将前侧膝盖置于前脚的外侧。这种姿势让球员正确调整身体，使得前腿股四头肌收缩拉直膝盖，臀大肌收缩拉伸臀部，髋关节外旋肌（包括梨状肌、臀中肌、臀小肌和闭孔肌）收缩实现臀部的侧向平衡，以及髋关节向内旋转，后腿利用股四头肌、内收大肌、腘绳肌、臀大肌和腓肠肌拉伸膝盖和臀部以及踝跖屈帮助推动球员的体重转换到左侧。腿部肌肉的运用帮助球员向地面发力，摆出适当的姿势以便手臂能够移动到适当的位置，形成理想的击球角度。

在身体的躯干部位，充分调动腹斜肌和腰大肌，球员的臀部向后伸展，骨盆稍微向后倾斜，保持胸部位于球的正上方，做出类似弯腰屈膝的动作。前侧背阔肌产生了一个力量，抵消了球员身体两侧的胸大肌产生的力量，促使球员身体向前侧倾斜。

挥杆后续动作

高尔夫挥杆后续动作（图1.3）可以在击球后让身体特别是手臂减速。这个挥杆过程非常消耗体力，因为肌肉主要通过离心收缩来减缓身体的运动速度。球员的整个躯干（包括腹斜肌、腰方肌、腰大肌、腹横肌和腹直肌）发满力减缓身体的运动速度。

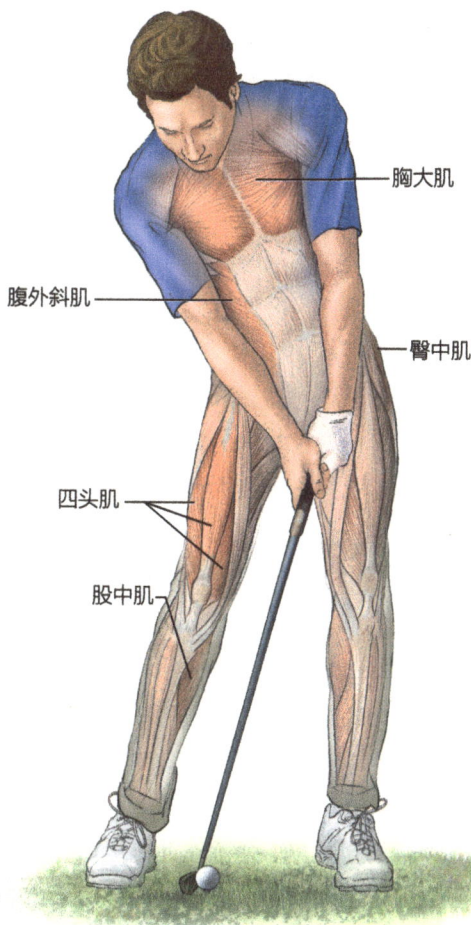

图1.2　下挥杆期间使用的肌肉

背阔肌和将肩胛骨固定在脊椎上的肌肉与胸腔（包括前锯肌、菱形肌和肩胛提肌）以及肩关节囊的肌腱套肌肉（包括棘上肌、棘下肌、小圆肌和冈下肌）共同保护肩关节，避免其由于身体的高速运动而接近极限位置。

理解身体意识

身体意识或称为本体感受，是一种往往最受忽视的感觉。但是对于运动员实现最佳运动状态来说，它的重要性绝不亚于其他感觉。本体感受是一个过程。人体通过这个过程可以利用各个肌肉对于周边的环境立刻做出回应。整个挥杆过程中，你的身体必须能够针对身体姿势以及力量的变化快速进行反应。从上挥杆开始一直到后续动作的结束，整个动作的完成耗时不过

冈下肌
小圆肌
大菱形肌
背阔肌
腹外斜肌

图1.3　挥杆后续动作中使用的肌肉

三秒钟，想象一下在如此短暂的挥杆过程中，身体中有多少部位朝着四面八方各个不同的方向运动。你的身体如何能够应付如此之多的信息？身体依靠的是肌肉和关节中微小的接收器，它们追踪身体每个关节位置。这些接收器与各自的肌肉协调得越好，你挥杆过程中的身体意识就越好。这对于你正确地移动身体形成必要的角度从而提高有效挥杆的成功率大有帮助。

肌肉运动知觉是一种感知关节运动和加速的能力。本体感受和肌肉运动知觉是针对运动控制和姿势的感知反馈机制。这些机制帮助确定身体的位置以及保持身体平衡，大脑和脊椎反射潜意识地利用这些机制为我们提供源源不断的感知信息。中枢系统（大脑和脊柱）转译这种感知信息并向肌肉和关节立即发出指令进行潜意识的调节，实现特定的运动或平衡。

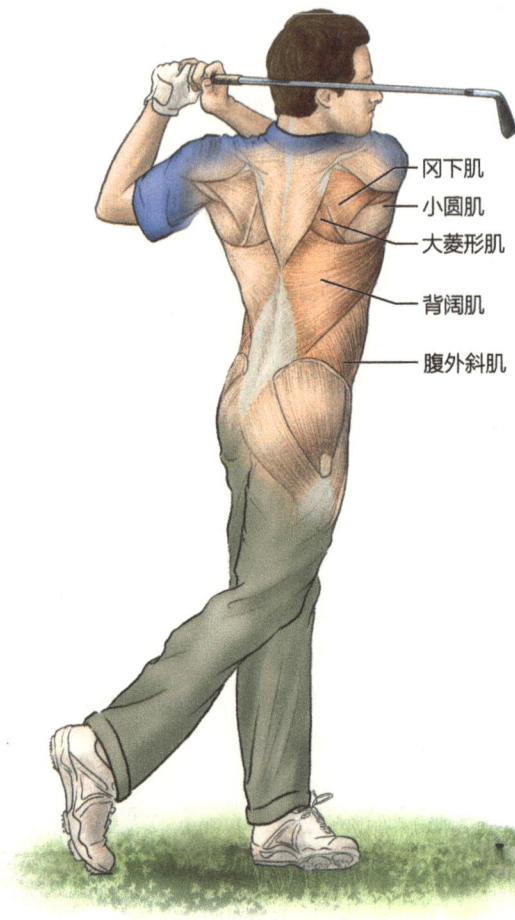

你在不同的情况下保持身体平衡的能力取决于你们的身体感知姿势变化以及所受内力和外力的敏锐程度。步行、乘坐扶手电梯、踏上不平坦的地面就是其中的一些事例，说明身体需要本体认识的信息输入才能保持运动过程中身体的平衡。

正如训练可以增强肌肉的力量，我们也能通过训练来提高身体感知和应对各种姿势和力量的准确性和速度。因为平衡能力和本体感知水平的提高是通过神经系统的改善，实际上往往不需要肌肉力量的提升，所以一旦有意将这些能力融入训练计划中，它们往往会成为我们进步速度最快的技能。

能量的传输

习惯使用右手的高尔夫球员开始下挥杆时，他会将他身体的重量移至前侧（左侧），即将前侧膝盖（左膝）置于前侧脚（左脚）的正上方。这种姿势使得球员的下体最容易发力。将膝盖置于脚的正上方时，股四头肌能够发挥作用拉直膝盖，臀大肌和腱肌可以通过收缩形成臀部和骨盆的张力。在这种张力运动的共同作用下，前脚向地面施加作用力。接着，地面向高尔夫球员施加了一个反作用力。这个反作用力轻松通过腿部传入了球员的骨盆和躯干。如果骨盆和躯干的功能强大，而且运动范围广泛，这个力就能传入肩部。肩部组合肌肉包括将脊柱和肋骨连接的肩胛骨肌肉，以及将肩胛骨与手臂相连的肌肉。如果肩部组合肌肉能够发挥最大作用，这股力量就能传入手臂，并最终传递给高尔夫球。

此外，用腿确定球员的位置并且发力，有助于将失误概率降到最低，避免出现过高的右曲球。下体向前侧横向位移，下挥杆平面因此向前移动。因此，球杆的弧线将会自动出现较为靠里的摆动路径。

如果球员通过上肢发力开始挥杆，高尔夫球杆的角动量在下挥杆的过程中将会迫使杆头向外远离身体。一旦出现这个角动量，它就会因为球员身体惯性造成阻力，阻碍身体向前侧移动。从视觉上来看，你看到球员臀部出现快速移动。似乎臀部转动速度太快，当后肩朝球的位置向前移动时，迫使球杆远离球员身体，产生过高的右曲球挥杆平面。人们往往建议这样的球员放慢臀部的运动速度。而实际上，问题的关键不是球员臀部转动速度过快，而是没有使用腿部力量向目标侧移动，却错误地使用手臂力量发力。如果该球员学会使用腿部力量向地面发力，那么臀部明显的快速转动就能自动放缓，而杆头也能更轻松地从内部击球。

出现臀部快速转动以及内侧击球有困难的球员，主要通过下腰的骨节进行转动，而髋关节的实际转动微乎其微。这种以下腰为中心的运动对于脊椎和辅助性肌肉造成的压力特别大。这种磨损最终将导致疼痛。

通过训练取得成功

当今很多像亨特·马汉（Hunter Mahan）、金河珍（Anthony Kim）和肖恩·奥海尔（Sean O'Hair）这样的一流球员，他们在高尔夫的挥杆中是如何实现力量和技巧的完美结合呢？答案之一是显而易见的：他们的技巧世界一流。而另一个答案却不太明显。他们能够在必要的活动范围内移动身体的各个部分，同时保持运动的平衡、稳定且有力。如果一套技能受限，球员的能量转移效率就会降低，挥杆的质量也会下降，从而导致受伤。因此，这些球员每个人都投入了大量的时间和精力来确保身体功能处于最佳状态。这包括在美国职业高尔夫球协会巡回赛的数周时间里使用比赛专用的拖车式活动房屋进行日常训练，定期接受治疗来进行伤情的预防和护理，以及制定严格的赛外健身计划。

这些运动员每周的常规训练包括各种形式的健身项目，例如类似瑜伽用于提升移动性的练习，躯干和肩部的稳定移动练习，平衡和本体意识练习，还有力量和爆发力移动练习等。他们使用的锻炼器材包括管带健身器材、健身实心球、抗力球、传统哑铃、有氧健身器械和壶铃。许多练习仅需身体自重即可完成。你的高尔夫健康训练计划中应包括一种以上的训练方法，这对于确保进行持续且循序渐进的身体训练很重要。在生活的许多方面，人们常常倾向于练习他们擅长的东西，而忽视他们感到困难的东西。擅长击球的运动员往往将他们的练习时间大部分用于在练习场上击球，却几乎完全忽略了短打练习。健身房里也常常出现同样的情况。人们练习他们的长处而忽略其短处。举例来说，灵活性较差的运动员用于练习移动性项目的时间很少，甚至没有，而把大部分时间都用于各种传统的力量训练练习上。这种做法导致健身房里取得成绩转化为高尔夫球场上球技提升的微乎其微。最终导致球员失望并浪费大量时间。

不论你是高尔夫界的新秀如李修贤（Danny Lee）或杰米·拉夫马克（Jamie Lovemark），还是资深老将如斯蒂芬·艾米斯（Stephen Ames）、罗蕾娜·奥查娅（Lorena Ochoa）或罗伯特·艾伦比（Robert Allenby），又或是希望提高球技，今后有个好成绩的业余球员，有效利用时间都是很重要的。我们都希望我们能够有更多的时间来做我们喜欢的事情，不幸的是，我们的时间是有限的，我们必须充分利用实际拥有的时间。本书中的各项练习都是经过精挑细选的，旨在帮助你实现效率最大化，这样你就能在短期内看到赛场上和平时生活中明显的成效。

撰写本书的另一个目的在于帮助你避免各种健身训练中易犯的错误。不要忘记，提升健康的技巧多种多样。运动员们往往急于求成，企图一蹴而就，训练内容从零或最基础的练习直接升级至难度最大、复杂程度最高的运动。这种方法往往导致长期球技增长缓慢，而且增加了受伤和机械功能受限的可能性。你应该首先培养良好的平衡能力、移动能力、稳定能力以及基本体力，然后再尝试本书以及其他杂志和网上介绍的训练力量的运动。如果你能够从身体的实际情况出发，循序渐进完成所列的练习，就能保证安全，避免受伤，同时又能取得很大的进步。

高尔夫界许多传奇人物都在他们职业生涯的晚期出现了伤病问题。杰克·尼克劳斯（Jack Nicklaus）、阿诺德·帕尔默（Arnold Palmer）和汤姆·沃特森（Tom Watson）都被迫进行臀部修复。弗雷德·卡普雷斯（Fred Couples）和汤米·阿莫尔三世（Tommy Armour III）腰部出现严重问题。老虎伍兹出现了严重的膝盖问题，这些问题有可能让他无法在主要赛事夺冠数量方面打破纪录。特雷弗·伊梅尔曼（Trevor Immelman）、菲尔·迈克尔森（Phil Mickelson）和魏圣美（Michelle Wie）由于腕部受伤不得不退赛。伤痛正在以惊人的速度困扰着高尔夫球界。任何一场高尔夫四人对抗赛，球员不论年龄或技术水平，在赛前或赛后使用某种缓解疼痛的调节器已经是屡见不鲜了。很多必须使用止痛药物的伤痛虽然出现在赛外，球员却要在赛场上忍着伤痛进行比赛。本书有关伤痛的章节介绍了各种压力较小的练习，他们对于带伤球员很有帮助。这一章分为几个小节，小节中介绍了帮助球员恢复体内最易受伤部位的针对性运动练习。这些练习因为造成的压力较小且大部分训练几乎不需要什么经验，所以也为健身经验不足的人提供了不错的选择。

本书的目的是介绍一些基础知识，帮助你针对自身需要制定一套高尔夫健康计划。我建议你征求高尔夫健身专业人士的意见，将书中介绍的运动融入你现行的训练计划之中。高尔夫是一项神奇的运动，通过鼓励你增加身体运动和社交互动，可推动人们建立一种健康的生活方式。本书可以帮助你提高球技，又能减少场上出现受伤和不适情况，从而增加打高尔夫球的乐趣。

第2章

正确移动身体实现最佳挥杆角度

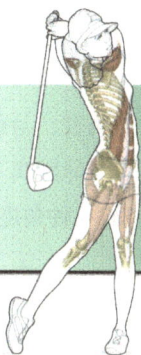

高尔夫的挥杆是一个多平面、多方向的运动，要求身体中大多数的关节都能完成接近其移动极限的运动。如果某个关节或肌肉的运动范围受限，那么将出现多个负面影响，其中包括挥杆质量下降，受伤风险增加以及运动乐趣减少。相反，移动范围宽广不仅有助于避免受伤，而且还能为提高击球的稳定性、准确性和增加击球力量打下基础。

如第1章所述，高尔夫挥杆的连贯性和效率取决于多项独特的身体能力和各套技术的掌握情况，其中包括身体的移动性、稳定性、力量、爆发力、耐力、平衡感以及身体意识。如果一位球员在任何一项上存在薄弱之处，那么他的挥杆质量就会受到部分影响。而技能缺失的情况越严重，造成的负面影响就越大。

高尔夫球界中关于开球和击球距离的决定因素存在一种较为常见的误解。很多人都认为只要增加高尔夫球员的力量就可以把球打得更远。这种想法源于对于人体动力学、物理学以及精英球员使用的技巧的错误认识。如果打远球的最重要因素是球员仰卧推举或蹲举式举重的能力，那么每一位美式足球的跑锋抄起高尔夫球杆就能把球打出一英里（1英里约等于1.6千米）。众所周知，事实并非如此。参加美国职业高尔夫球协会巡回赛的许多打远球的球员并没有过于发达的肌肉，体形也不像一般的健身运动员。肖恩·奥海尔和达斯汀·约翰逊（Dustin Johnson）就是瘦子球员的典型代表，而击球距离常常超过300码（1码约等于0.914米）。相反，约翰·达利（John Daly）一直致力于精彩的打远球，而他很可能从不去健身房，即使去，次数也不会多。

在整个挥杆过程中，身体实现特定的角度和运动的能力要比球员的举重能力对于实现杆头高速运动的影响更大。移动能力在高尔夫运动中，不仅对于增加击球距离，而且对于提高击球准确性和稳定性以及避免受伤方面都发挥了重要作用。除了总在打球外，肖恩·奥海尔，达斯汀·约翰逊、约翰·达利和泰格·伍兹（Tiger Woods）还有一个共同点，那就是都有着出色的移动能力。如果高尔夫球员的移动能力高于一般水平，即使在本书介绍的其他某项重要技能上有所欠缺，也能进行出色的挥杆。

　　话虽如此，如果两名高尔夫球员在挥杆的过程中都能实现相同的角度，身体功能性力量（这里所指的力量与传统的健身力量不同）更强的球员在击球距离上很可能占优势。本章以及全书都在帮助你完成高质量高尔夫挥杆所需的各种角度，以及获得上述的功能性力量，从而打出高效且有力的球。

　　所有学习高尔夫球的学员都曾经历过这样的失望，即不能将身体和球杆移动到教练希望的位置。不能遵守教练的指令通常不是因为学员不想这么做，而是由于学员身体的移动性问题直接造成的。如果高尔夫球员移动关节和肌肉的范围不够充分，他就不能做出正确的姿势，形成正确的角度。这种情况当然会让教练失望，学员生气了。

　　如果身体某个部分力量充足，但是有效活动的范围不理想，那么身体就会试图弥补该部位的运动不足，而在另一个部位进行补偿。例如，下腰旋转过度，以此补偿臀部向内旋转不足。下腰的这种补偿运动往往造成挥杆质量下降（我们常常看到上体过早反向扭转形成的挥杆路径）以及下腰受伤风险的增加。

　　所有热爱高尔夫运动的球员都应该追求以下两个主要目标：（1）不受年龄限制、不受伤痛困扰随心所欲地进行高尔夫这项神奇的运动；（2）在球技水平方面充分发挥潜能。要实现这两个目标，球员必须避免挥杆造成身体受伤。为此，实现身体进行充分移动的能力，是我们进行各个水平高尔夫运动时必须要解决的基础问题（图2.1）。

　　高尔夫球员，无论他们是参加美国职业高尔夫球协会巡回赛的选手还是业余球员，只要使用我们的测试设备，就能找到该球员体内移动功能受限的部位。这些限制往往导致球员在挥杆过程中出现补偿性运动，从而导致附近的肌肉和关节承受反作用力。出现这种情况是因为身体试图弥补受限部位损失的移动。对于参加最高级别高尔夫比赛的球员来说，身体功能方面的限制可能导致巨额的经济损失和身体伤痛。专业高尔夫球员往往只在高尔夫教练无法帮助他们解决他们挥杆效率低下问题时才会使用我的设备。如果某个球员花费了大量的时间和精力试图提高他的挥杆技术，但收效甚微，最主要的原因就是他的身体移动性不足。很多情况下，我们都能通过测试找出高尔夫球员身上存在的移动局限性问题，正是这种局限性直接导致了该球员不能在挥杆动作过程中实现特定的变化。一旦该球员更正移动不足的缺陷，就可以轻而易举地改变挥杆动作。

　　虽然增加身体的移动性很重要，但传统的拉伸运动似乎对于提高球员的高尔夫挥杆质量却并不十分奏效。这些运动收效甚微的原因是：普通的日常活动中身体运动范围并没有高尔夫挥杆动作要求的那么宽广。高尔夫球员应该重视练习针对高尔夫挥杆动作所必要的运动，实现高尔夫运动特定的灵活性。为此，我们还要学习如何统筹兼顾，而不是孤立地进行肌肉拉伸训练。

　　我们撰写本章的目的是帮助普通高尔夫球员理解各种运动，这些运动不仅可以扩大高尔夫挥杆动作需要的移动范围，还能增加整个运动范围中的功能性力量。你读完本章介绍的各种练习后，会发现其中介绍的各种运动并不是大多数人从其他书上、视频里或是健身课上学到的传统的拉伸练习。本章介绍的大多数移动性练习要求你一边移动，一边拉长肌肉和相关的软组织（包括肌腱、韧带和关节囊）。我们已经认识到，这种练习是提高关节和肌肉灵活性，使其适合某项具体运动的最有效方法。

小圆肌

大圆肌

冈下肌

大菱形肌

背阔肌

腹外斜肌

髋关节（向外旋转）

长受肌

四头肌

图 2.1　出色的移动性可以使高尔夫球员在挥杆过程中实现正确的角度

　　除非另行说明，否则本章的所有练习一律重复 8 ～ 15 次。你觉得简单的练习，做满 15 次。你觉得不折不扣完成有困难的练习，只要动作不变形，那么重复的次数也要量力而行，即使完成不了 8 次也没有关系。每项练习做 3 组，每组次数不限。因为这些练习的重点是提高移动性，所以运动范围到位的情况下提高重复完成的次数，要比增加负重却减少重复练习的次数更重要。

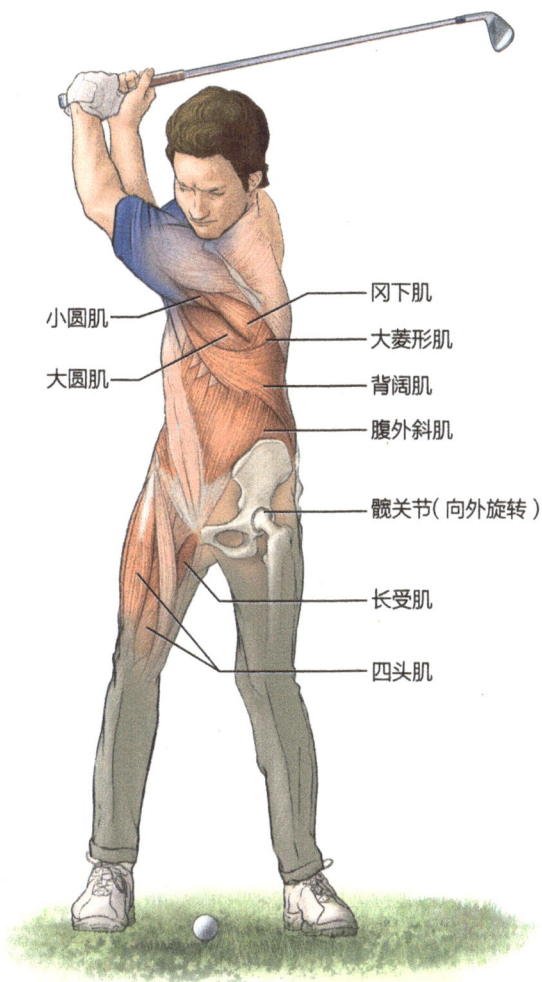

猫狗式练习

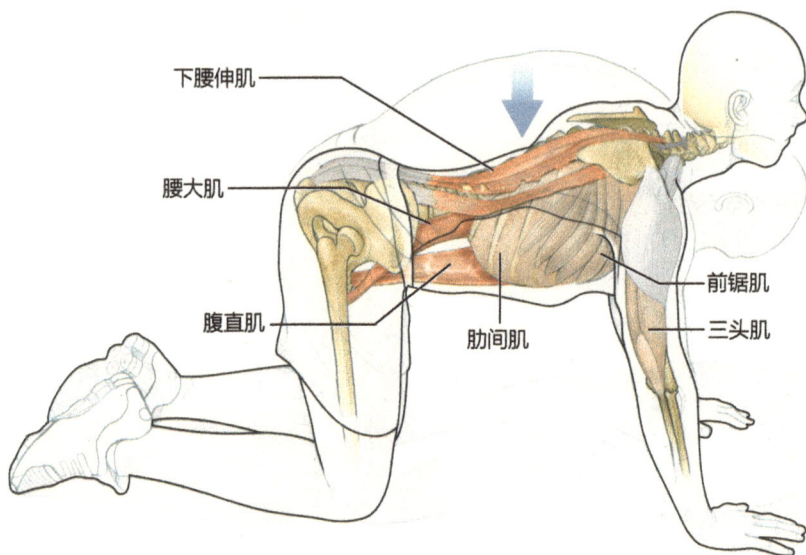

下腰伸肌

腰大肌

腹直肌

肋间肌

前锯肌

三头肌

训练步骤

1. 趴在地上，将膝盖置于臀部下方，手置于肩部下方，手臂微弯。
2. 保持头、颈与脊椎在一条直线上。
3. 将肚脐向脊椎方向提拉，尽量向上弓背，将下巴内收指向胸部。
4. 将肩胛骨相向挤压，朝着地面方向向下弯腰，抬头直至直视前方。
5. 恢复起始姿势并重复。

涉及的肌肉

主要肌群： 下腰伸肌、腰大肌、腹直肌
辅助肌群： 三头肌、前锯肌、肋间肌

高尔夫训练要点讲解

　　一般球员常出现的一个问题是脊椎和骨盆部位移动性不足。脊椎移动性较差的球员常常肩部耷拉和下腰向前鼓起。由于这些身姿问题，很难在准备阶段让脊椎变得更直。大多数高尔夫球员没有认识到错误的脊椎姿势对于高尔夫挥杆质量的影响超出了我们的想象。因为肩胛骨和骨盆是通过脊椎与这些部位之间的连接肌肉进行移动的，如果脊椎不能向前或向后轻易移动，就会对肩胛骨和骨盆的移动性产生负面影响。如果臀部和骨盆的移动范围有限，受伤的潜在风险就会大大增加，提高挥杆技术的可能性就会大大降低。猫狗式练习是正确提高脊椎移动性很好的起步练习。

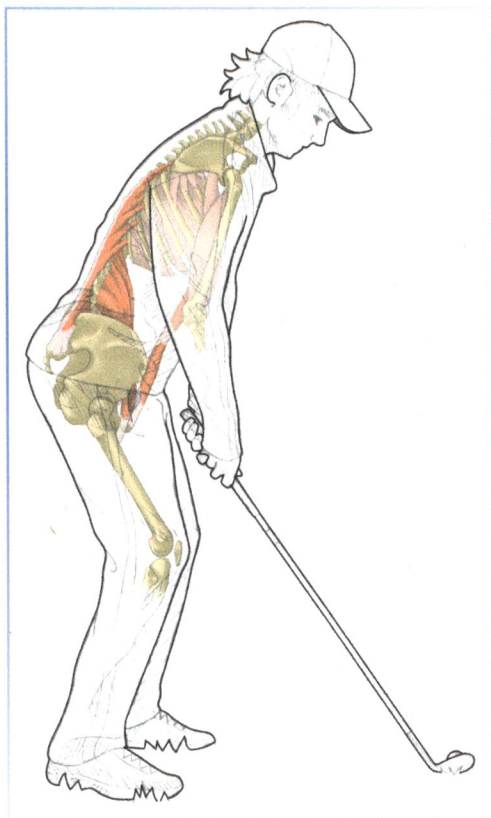

骨盆后倾练习

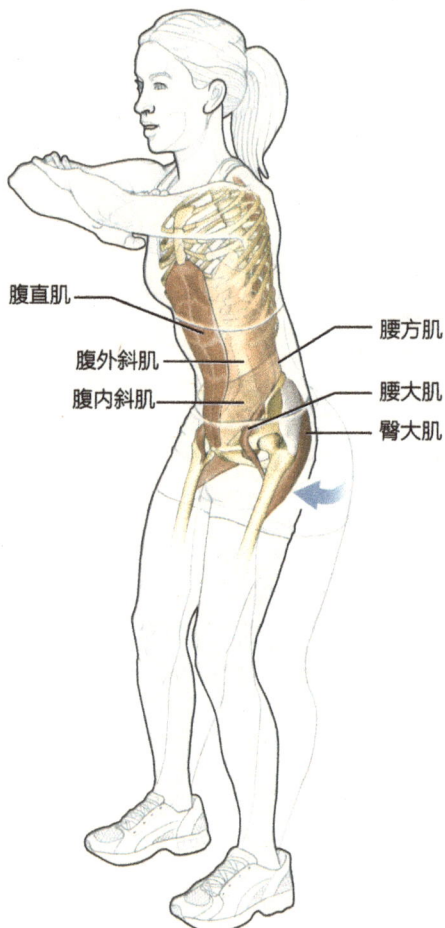

腹直肌

腹外斜肌

腹内斜肌

腰方肌

腰大肌

臀大肌

训练步骤

1. 两腿分开与肩同宽站立。

2. 臀部转动至 7 号铁杆的挥杆姿势。

3. 体前曲臂交叉。

4. 收卷尾骨至骨盆下方，同时将肚脐朝着脊椎方向向后拉，练习中避免肩部的移动。

5. 恢复起始姿势。

涉及的肌肉

主要肌群：下腰伸肌、腹直肌、臀大肌、腰大肌

辅助肌群：腹内斜肌、腹外斜肌、腰方肌

高尔夫训练要点讲解

　　高尔夫球员应该非常重视并学会如何做到骨盆的前伸、后收以及中立等姿势。学会这些对于避免腰部疼痛，实现身体重量在击球及后续动作中能够正确转移至前脚很重要。许多高尔夫球员的腰部总是前倾。这种姿势，下腰的曲度太大（称为腰椎过度前凸）。这种姿势造成下腰关节承受的压力增大，往往容易引起后侧下腰紧绷或疼痛。学会正确定位骨盆的位置，一方面可以帮助我们在整个挥杆过程中保持脊椎的姿势正确避免受伤，另一方面可以将身体的重量转移到前腿上（对于习惯使用右手的球员来说指的是左腿）。

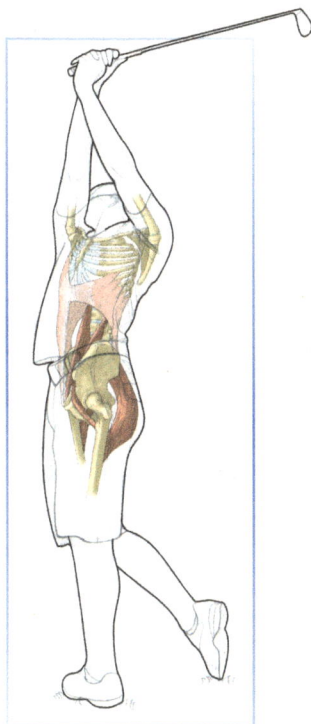

变体形式

躺下抬起骨盆

　　要降低该项练习的难度，你可以平躺，上抬骨盆。将臀部和膝盖都弯曲至 45 度左右。呼气时，腹部向后背移动，拉平下腰。吸气时再微拱后背。

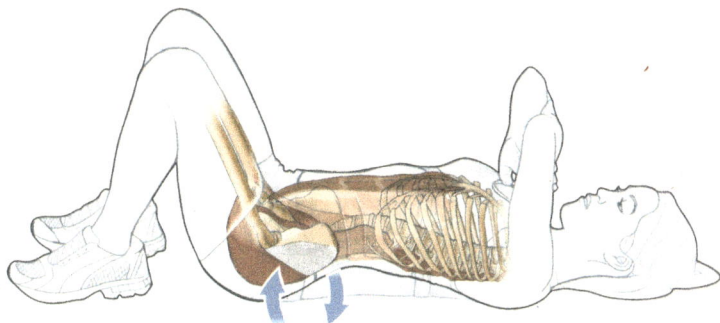

眼镜蛇姿势练习

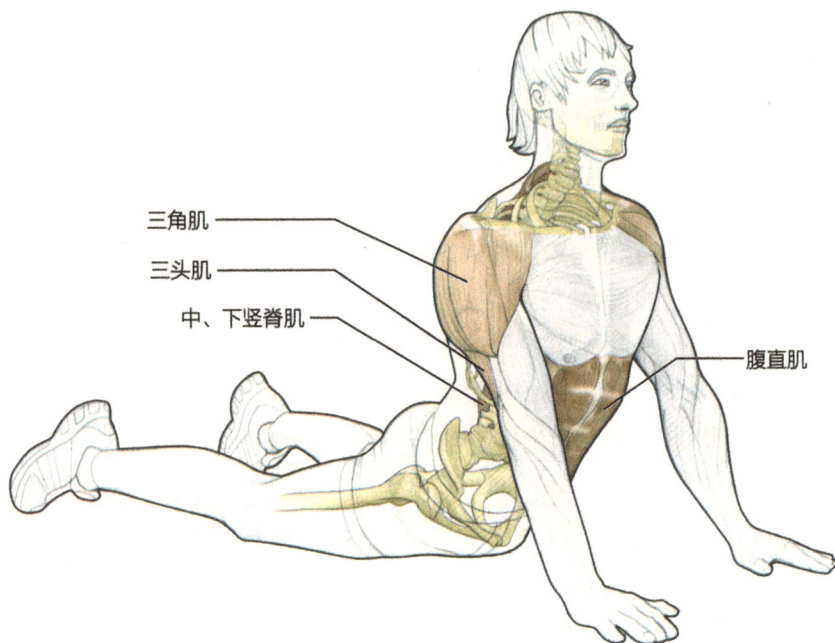

三角肌

三头肌

中、下竖脊肌

腹直肌

训练步骤

1. 趴下腹部着地，额头置于前臂上。

2. 保持骨盆着地，向前看，使用双手将身体缓慢向上推，尽量让胸部直立。

3. 坚持几秒钟，缓慢恢复起始位置，并重复上述动作。

涉及的肌肉

主要肌群： 中竖脊肌和下竖脊肌、腹直肌

辅助肌群： 三角肌、三头肌

高尔夫训练要点讲解

进行这项练习，绝对不能过度。上推时绝对不要进行超过自身能力的尝试或是造成身体疼痛。如果你能够在不造成身体疼痛的情况下完成该项练习，那么保持脊椎的移动能力，并帮助减少腰部中下部的僵硬程度就变得很重要了。对于高尔夫球员来说，这种移动能力至关重要，不仅可以保证在整个挥杆过程中身体保持正确的直立姿势，而且也能让身体在各个旋转运动范围内灵活移动。如果在下腰部分变得僵硬或中腰部发胖将影响身体正确转动的能力，并将改变正确的挥杆机械运动。这将最终导致错误的挥杆动作并增加受伤的风险。

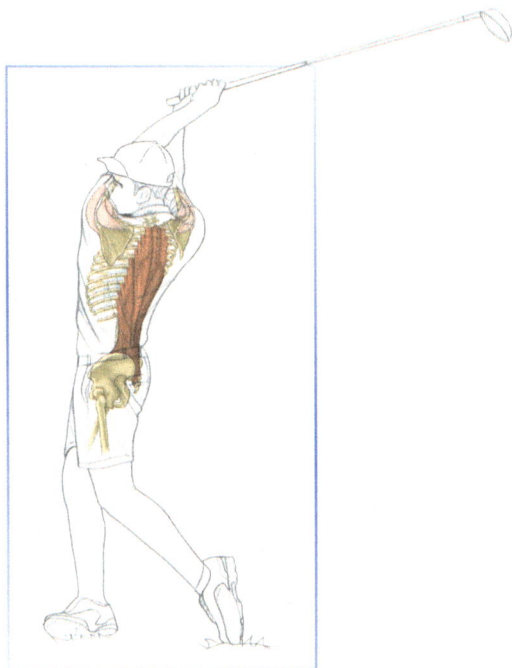

变体形式

眼镜蛇姿势的变体形式

如果由于脊椎的移动性受限制完成眼镜蛇姿势练习有困难或是做不到，在做练习时可以降低难度，使用前臂代替手掌上推。这样就降低了对脊椎移动范围的要求，完成起来较为轻松。

弹力球上的盆骨推转练习

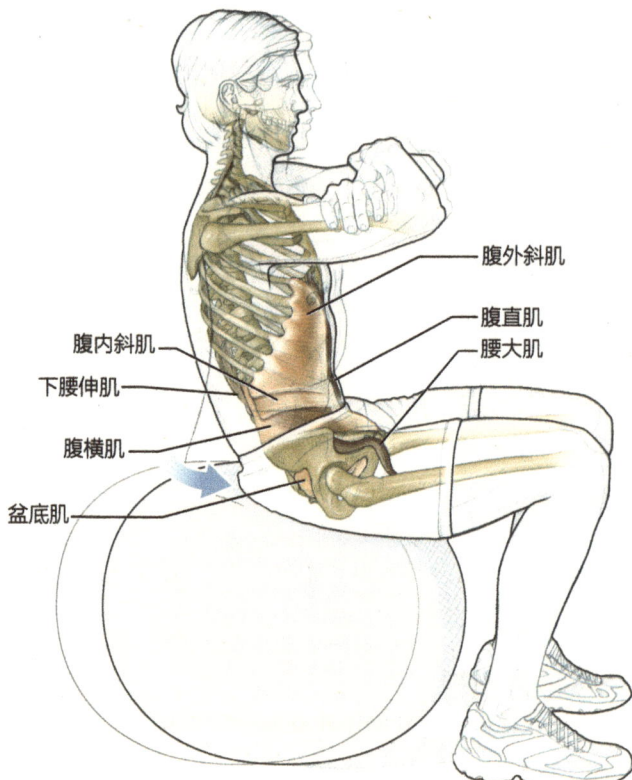

腹外斜肌

腹直肌

腰大肌

腹内斜肌

下腰伸肌

腹横肌

盆底肌

训练步骤

1. 挺胸，收肩，下腰直立，坐于弹力球上。

2. 让臀部滑向前方，从而拉平下腰（球体应该稍稍前移）。

3. 将臀部滑回身体下方，缓慢弯曲下腰（球体应该稍稍后移），整个运动过程中保持挺胸收肩动作，不得收胸挺肩。

4. 恢复直立姿势并重复上述动作。

涉及的肌肉

主要肌群：腹直肌、腹横肌、腰大肌

辅助肌群：腹外斜肌、腹内斜肌、盆底肌、下腰伸肌

高尔夫训练要点讲解

　　前两个练习中提到，在打高尔夫球的准备工作中实现脊椎直立姿势对于球员来说非常重要。应该挺胸收肩。上腰部不要鼓起，下腰不得过度伸展。脊椎关节的正确姿势应该是相互对齐处于中正位置时（而非向前放松或向后伸展）允许转动的范围最大。能做到脊椎的中正位置，可以让你转动脊椎进行后挥杆、下挥杆以及后续的挥杆动作时更轻松，运动范围更大，身体承受的压力更小。完成和掌握这项练习虽然简单，但是却很重要。熟练掌握这项练习后，尝试练习它的变体动作。骨盆推转和 8 字练习为你学习如何移动骨盆改进姿势提供了一种安全可控的方式。

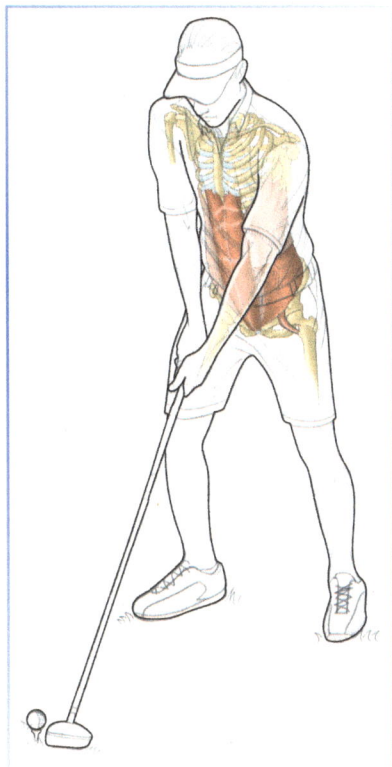

变体形式

弹力球上的 8 字练习

　　该 8 字练习训练的肌肉与之前练习相同，不同的是，要求你准确控制骨盆的移动。当骨盆以 8 字路线运动时，肩部不能大幅移动，并且在整个运动过程中，肩部保持后拉姿势，向左右前后运动。

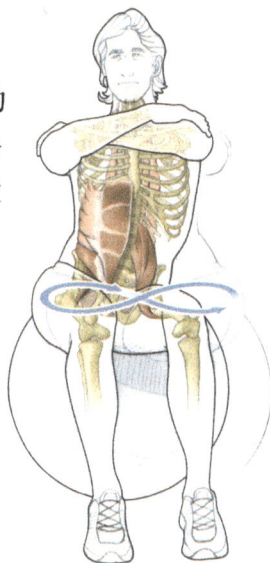

动态婴儿式练习

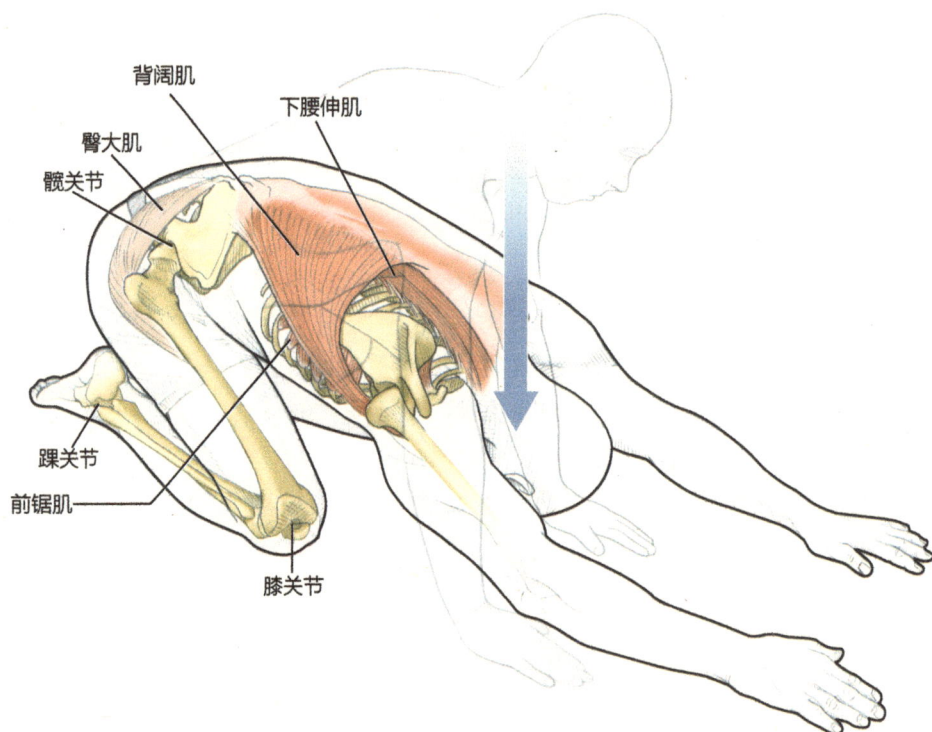

背阔肌

下腰伸肌

臀大肌

髋关节

踝关节

前锯肌

膝关节

训练步骤

1. 跪在地上，坐在脚后跟顶部，保持背部挺直。

2. 腰部缓慢向前弯曲，前额触碰地面，尽量向前拉伸身体。

3. 保持拉伸姿势，坚持一会，恢复起始姿势，再重复上述动作。

涉及的肌肉

主要肌群： 背阔肌、下腰伸肌、前锯肌

辅助肌群： 臀大肌、肋间肌、胫前肌

高尔夫训练要点讲解

要实现挥杆动作连贯高效，正确的挥杆平面非常重要。如果身体不允许你们自由运动，那么实现正确的挥杆路径就会非常困难。针对这种情况，你的身体就会寻找其他的方法完成后挥杆和下挥杆动作，这样就会使得挥杆效率大打折扣。肩部和背阔肌的运动范围大小对于正确挥杆也是至关重要。如果二者之中，任何一个受限，那么球杆在运动到后挥杆顶部时就会偏离正确位置，导致下挥杆过程中身体进行各种补偿。参加巡回赛的专业球员也许能够进行充分的补偿，仍然能够打出一记好球，但是这种运动

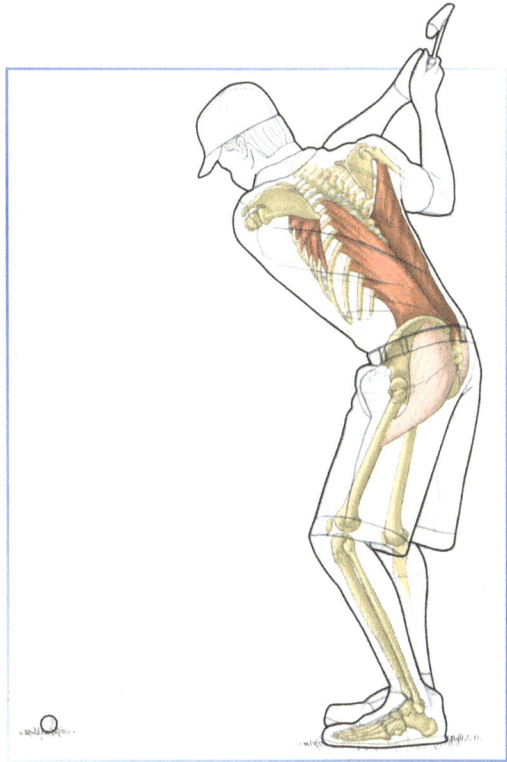

不足一定会造成动力的损失，挥杆机械运动效率下降，击球的连贯性降低，受伤的风险增大。对于普通球员来说，这些限制使得正面击球变得非常困难，因为每次下挥杆的整个路径都是错的。动态婴儿式练习有助于提高肩部和附近肌肉组织的移动性，以便身体能够实现正确的挥杆路径。

动态婴儿式练习还能帮助你提高臀部、膝盖和脚踝部位中韧带、关节囊和肌肉的灵活性。这对于高尔夫球员在球场内外的表现都是有益的。

变体形式

直立伸手过顶侧屈身练习

直立侧屈练习帮助你训练背阔肌和前锯肌，同时对下体的关节不造成任何压力。分腿站立，两脚距离略宽于肩。上体向左倾斜，向左伸右臂过顶。换手臂反向重复该动作。

脚跟触地练习

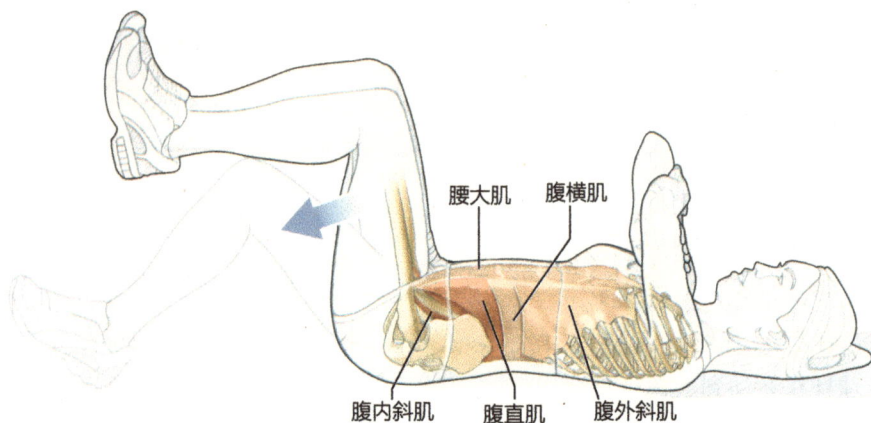

腰大肌　腹横肌

腹内斜肌　腹直肌　腹外斜肌

训练步骤

1. 平躺，抬大腿和屈膝，在臀部和膝盖位置形成 90 度夹角。

2. 保持膝部 90 度夹角不变，缓慢放下左腿，直至后脚跟触碰地面。保持后腰不动。

3. 恢复起始位置，再换另一条腿重复上述动作。

涉及的肌肉

主要肌群：腰大肌、腹横肌

辅助肌群：腹外斜肌、腹内斜肌、腹直肌

高尔夫训练要点讲解

　　高尔夫的挥杆准备阶段，正确的站姿是确保挥杆路径正确的关键。脚跟触地练习锻炼的肌肉可以帮助你摆出正确的挥杆准备姿势。这些肌肉在准备姿势中将骨盆和下部脊椎连在一起，同样在整个挥杆过程中也非常重要。如果你不具备保持这种姿势的移动性和力量，那么高尔夫挥杆过程中形成的各种力量一定会破坏你的姿势。这种练习可以帮助你在准备阶段和整个挥杆过程中保持下腰和骨盆之间的正确角度。这项练习的重要性有两重。第一，骨盆和躯干下部的姿势正确可以增加身体旋转的效率。第二，在整个高尔夫的挥杆动作中，保持角度正确可以极大地降低冲击力，从而减轻身体各个关节和肌肉所受的压力。

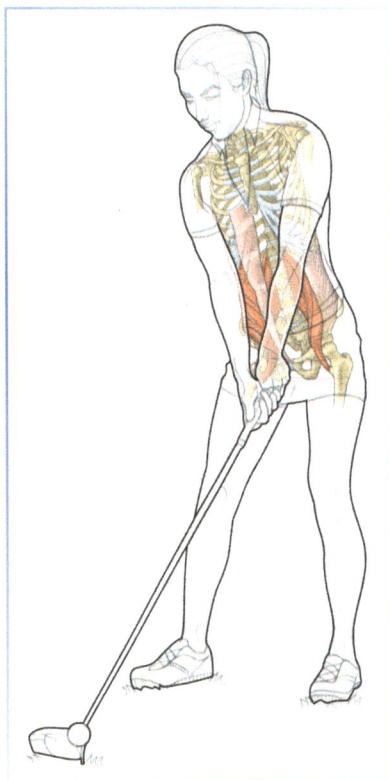

变体形式

直腿脚后跟触地练习

　　随着你练习水平的提高，可以尝试这种变体练习，练习的对象仍然是那些肌肉，但对于这些肌肉的力量和控制力提出了更高的要求。起始姿势相同，区别在于，之前练习中脚跟触碰地面的那只腿屈膝 90 度，而新的练习要求腿部完全伸直。腿部伸直，脚后跟触地，恢复起始姿势，再换腿重复练习。

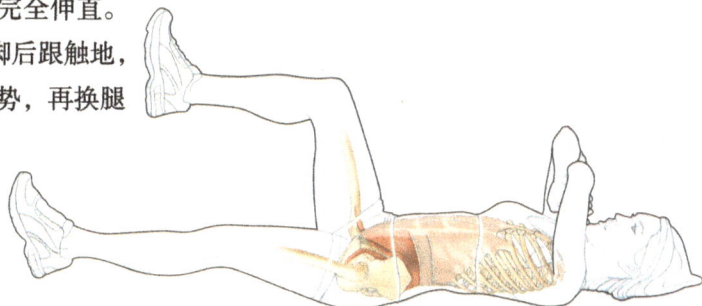

墙壁角度练习

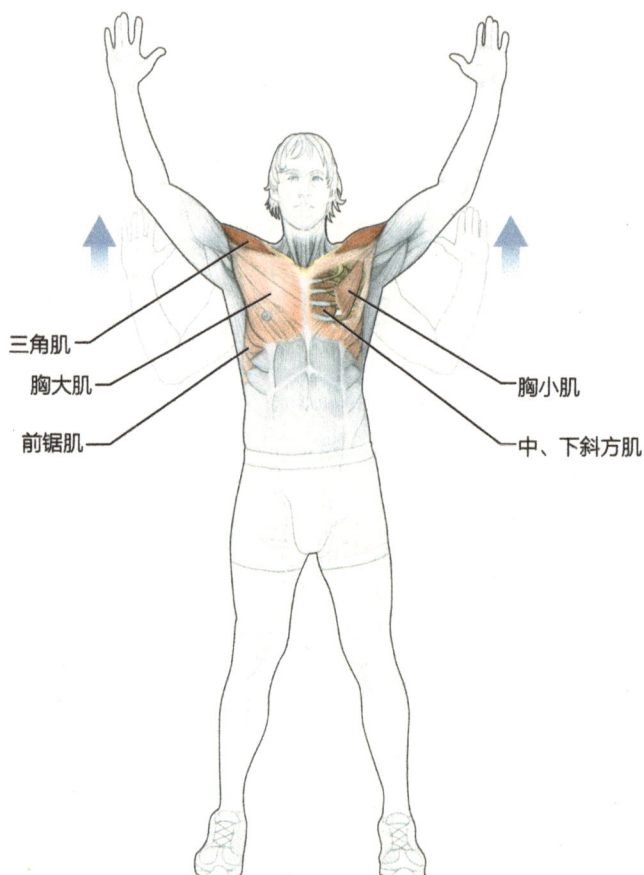

三角肌

胸大肌

前锯肌

胸小肌

中、下斜方肌

训练步骤

1. 人体与墙体相距 12 英寸（约 30 厘米），背对墙体站立，头部和背部与墙体平行，屈膝。

2. 曲肘，肘部和腕部背对墙体并与之平行。

3. 保持背部和头部与墙体平行，缓慢抬起手臂，保持肘部和腕部与墙体的平行。

4. 回到起始姿势并重复上述动作。

涉及的肌肉

主要肌群： 三角肌、中斜方肌、下斜方肌

辅助肌群： 胸大肌、胸小肌、前锯肌

高尔夫训练要点讲解

　　高尔夫的挥杆运动要求身体的某些部分保持稳定，而另一些部分进行移动。每次挥杆，你的手臂移动范围都很大。在此运动过程中，要求躯干必须保持相对稳定。如果你的上腰过于向前弯曲，那么肩部的运动将会受到限制，并出现挥杆的失误。本练习可以帮助你在保持脊椎稳定且直立的同时训练肩部的移动性和力量。这种练习模拟高尔夫挥杆的必要动作。挥杆过程中，正确的上体姿势不仅可以实现最佳的肩部运动，而且还能提升整个挥杆过程中脊椎的旋转动作。当你可以轻松完成这项练习且不会感到太大压力时，你就会发现实现挥杆过程中的各种合适的角度就会变得更加简单。这项练习最终可以帮助你提高击球的质量和连贯性，同时降低受伤的风险。

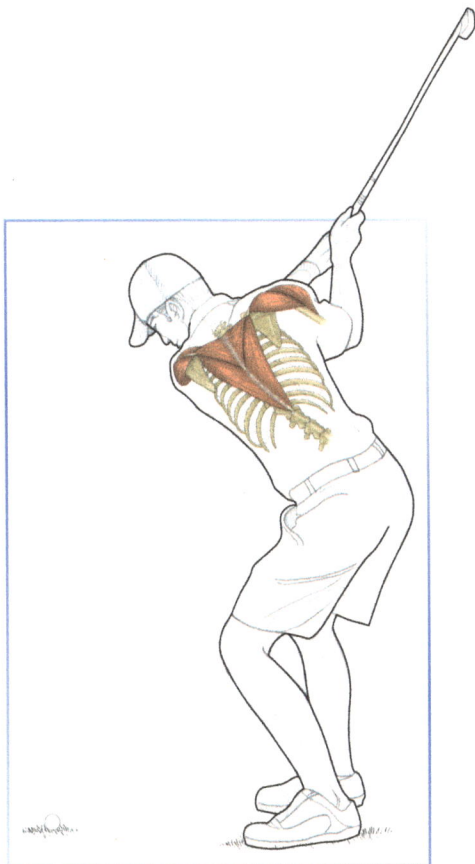

变体形式

仰卧墙壁角度练习

　　如果你觉得墙壁角度这项练习难度太大，那么你可以躺下，微屈膝部，脚掌着地，进行同样的练习。这样排除了重力因素，稍稍降低了练习的难度。

骨盆分离练习

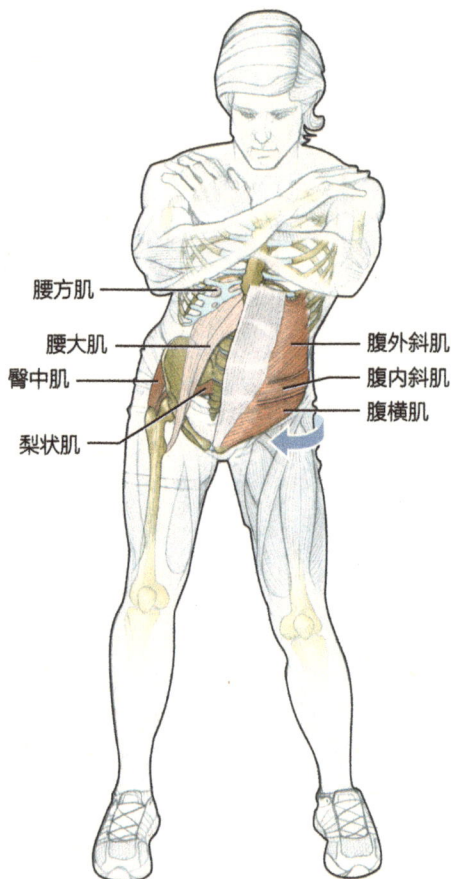

腰方肌

腰大肌

臀中肌

梨状肌

腹外斜肌

腹内斜肌

腹横肌

训练步骤

1. 以 7 号铁杆的挥杆姿势作为起式，双臂交叉于胸前。

2. 在不移动肩部或胸部的前提下，将骨盆和臀部缓慢向右侧旋转。

3. 将骨盆反向运动至中线，向左重复上述动作。

4. 对着镜子进行这项练习，确保肩部和胸部不会跟着骨盆和臀部一起移动。

涉及的肌肉

主要肌群： 腹横肌、腹内斜肌、腹外斜肌、臀中肌、梨状肌

辅助肌群： 腰大肌、下腰伸肌、腰方肌

高尔夫训练要点讲解

　　正确实现骨盆和肩部分离的能力是高尔夫球员应该具备的一项重要技能。如果从下挥杆开始向球体运动的过程中，骨盆能与肩部分离，就能增加身体躯干的扭转。这可以增加下挥杆的力量，提高击球时杆头的速度。如果高尔夫球员不能实现骨盆和肩部的分离，那么在挥杆的过程中就会转动全身，造成手臂和球杆在挥杆时位置摆放错误或出现由外而内的路径。这样击球的速度就会降低，导致每杆的击打距离就会减少，往往造成球体的弧线飞行。骨盆的分离练习将教会你如何进行骨盆的独立移动，而不受肩部的影响。当你可以轻松进行这项练习，并完成本章介绍的各种强化骨盆和肩部分离练习后，你们就具备了所需的身体条件，从而能够实现骨盆和肩部的分离和整合（即所谓的 X 要素）。

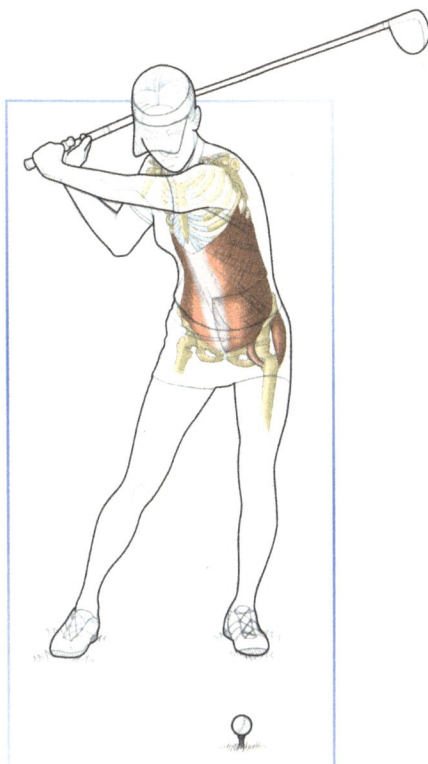

变体形式

躯干分离练习

　　这种变体形式还能有助于提高身体分离能力，但该练习的不同之处在于，在移动躯干的同时要保持骨盆和臀部的静止。确保下体保持绝对的静止状态，在尽量保持高尔夫运动姿势的同时将身体躯干向两侧旋转。

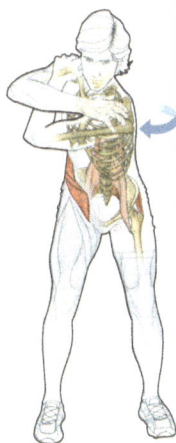

背阔肌活力练习

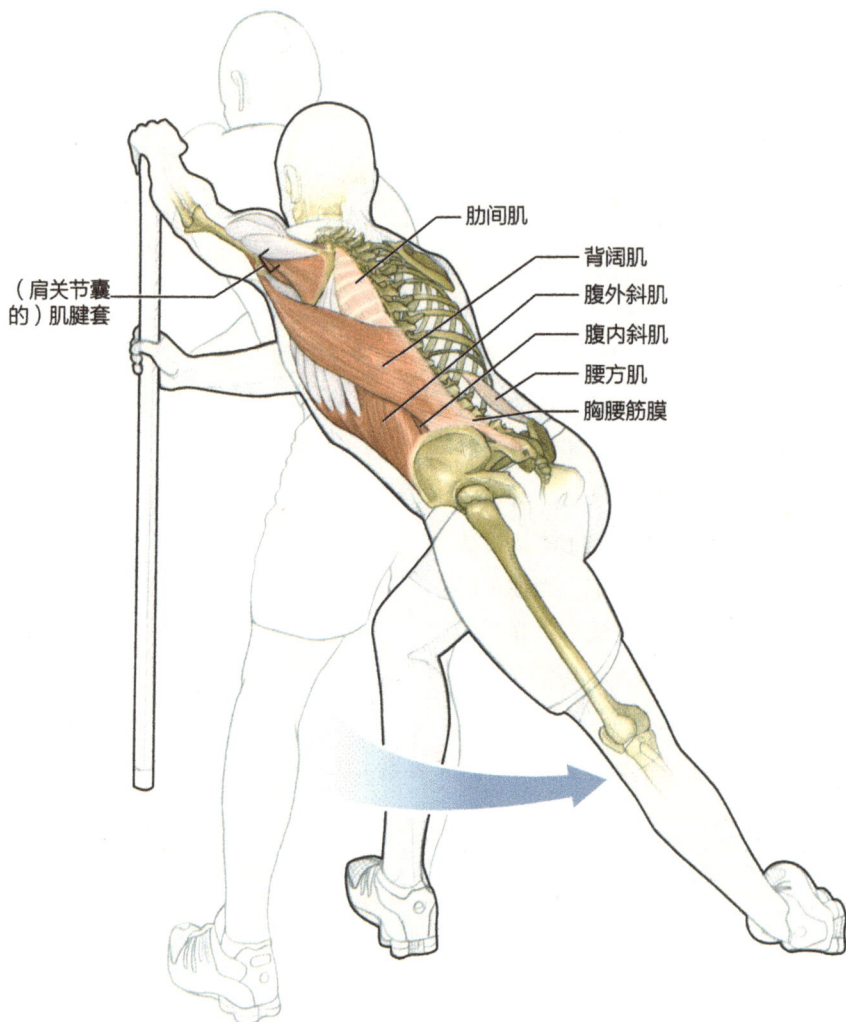

（肩关节囊的）肌腱套

肋间肌
背阔肌
腹外斜肌
腹内斜肌
腰方肌
胸腰筋膜

训练步骤

1. 距杆 2 英尺（约 0.6 米）处站立。

2. 伸直左臂握杆，向左转动身体，直至胸骨面对左肘。

3. 双腿屈膝，将胸腔向左推，左侧肋骨稍感拉力。

4. 弯曲右腿，向右腿后方伸直左腿。

5. 左腿和左臂围绕右腿形成一个 U 形。

6. 坚持 20 秒钟，换右侧重复上述动作。每次完成 3 ~ 4 次。

涉及的肌肉

主要肌群： 背阔肌、腹内斜肌、腹外斜肌、肌腱套

辅助肌群： 胸腰筋膜、腰方肌、肋间肌

高尔夫训练要点讲解

　　增强连接前臂（习惯使用右臂的球员的左臂）、背阔肌、下腰和股肌的筋膜的移动性非常重要。这样可以让高尔夫球员在后挥杆时肩部充分转动至顶点并完成下挥杆动作，在此过程中保持前臂伸直状态。背阔肌活力训练是一项很有效的练习，可以帮助我们增强身体该部位的力量，同时让我们明显感觉在挥杆的顶点转动肩部变得更加容易。

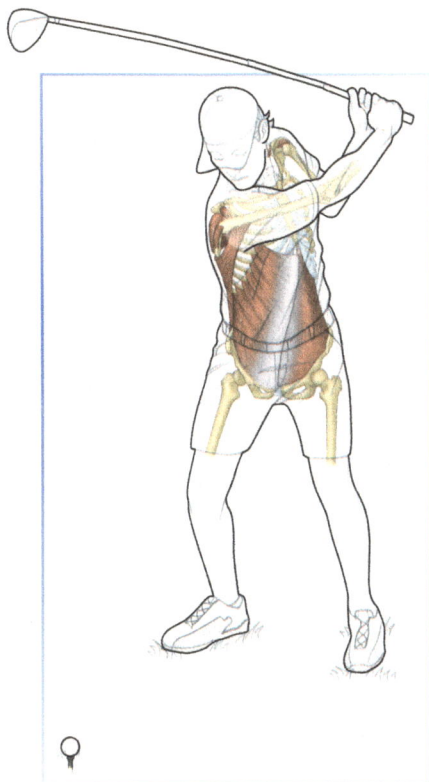

变体形式

使用高尔夫球车练习背阔肌训练

　　为了在比赛中保持躯干和肩部放松，抓住高尔夫球车的一根杆子，练习同样的拉伸动作。这可以帮助你在比赛时保持肌肉放松，避免比赛后期由于肌肉紧张影响挥杆质量。

在弹力球上转动躯干练习

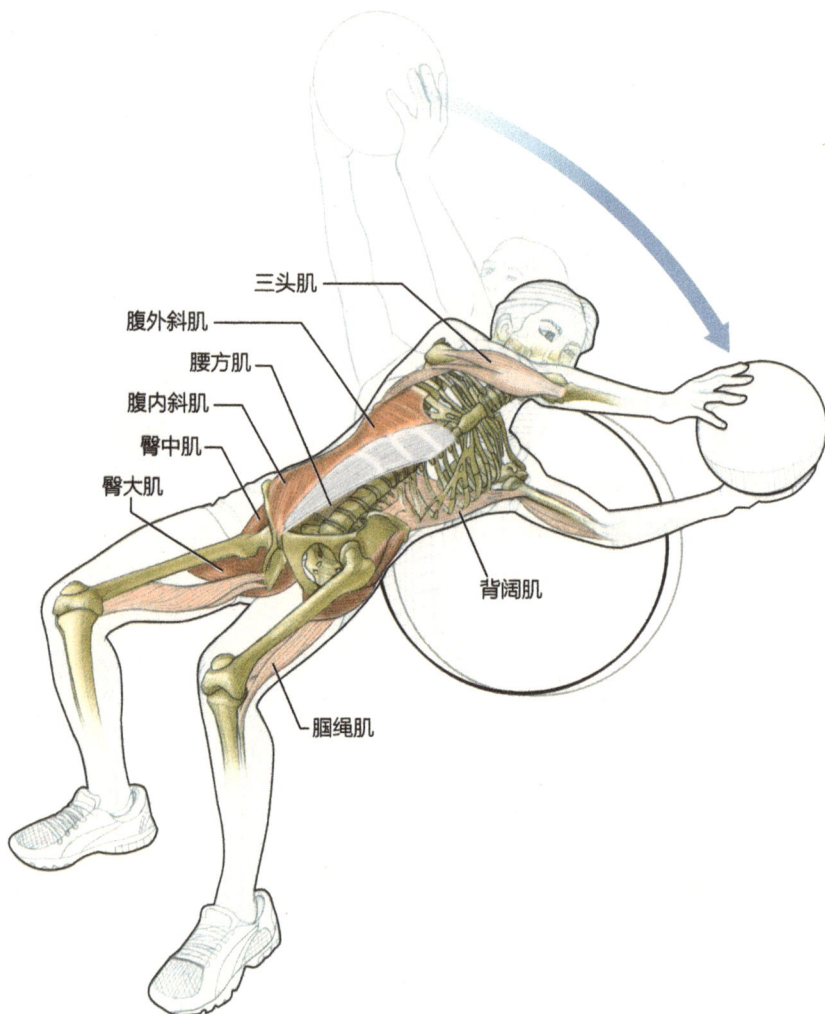

三头肌

腹外斜肌

腰方肌

腹内斜肌

臀中肌

臀大肌

背阔肌

腘绳肌

训练步骤

1. 躺在弹力球上，头部和肩部接触球面。抬起臀部，与膝部和肩部形成一线。

2. 握住健身实心球，伸直双臂置于胸部上方。

3. 向左转动上体和手臂 90 度。左肩应接触稳定球球面，右肩应正对天花板。

4. 在向左旋转过程中，稳定球应稍稍向右移动。

5. 恢复起始姿势，向右重复上述姿势。

涉及的肌肉

主要肌群：臀中肌、臀大肌、腹内斜肌、腹外斜肌

辅助肌群：背阔肌、腰方肌、三头肌、腘绳肌

高尔夫训练要点讲解

如上所述，实现骨盆和肩部之间的分离对于挥杆过程中发挥潜能具有重要意义（介绍高尔夫的文献中常常将其称为 X 因素）。然而，如果杆头接近高尔夫球时，球员不能结束这种分离状态，那么这种潜能就不能转化为积极有用的动能，就不能形成杆头的高速运动。只有结束这种分离状态才能形成有效的动力，避免造成身体伤害。击球后，还是依赖这些肌肉，在后续的挥杆动作过程中降低身体运动的速度，从而避免关节和韧带受伤。利用这项练习，有助于你学习如何实现骨盆和肩部的分离和整合。

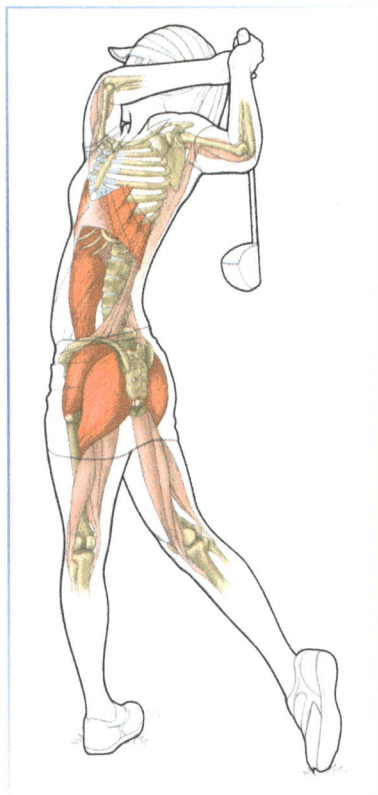

变体形式

躺在弹力球上旋转躯干抛球练习

与同伴一起练习这套动作，可以在练习中增加一点爆发力训练。确保身体和手的姿势相同。如果同伴位于你的左侧，那么你在向左旋转时将健身实心球抛给他，向右回转时在头顶上方接住同伴回抛的球。

弓步转体练习

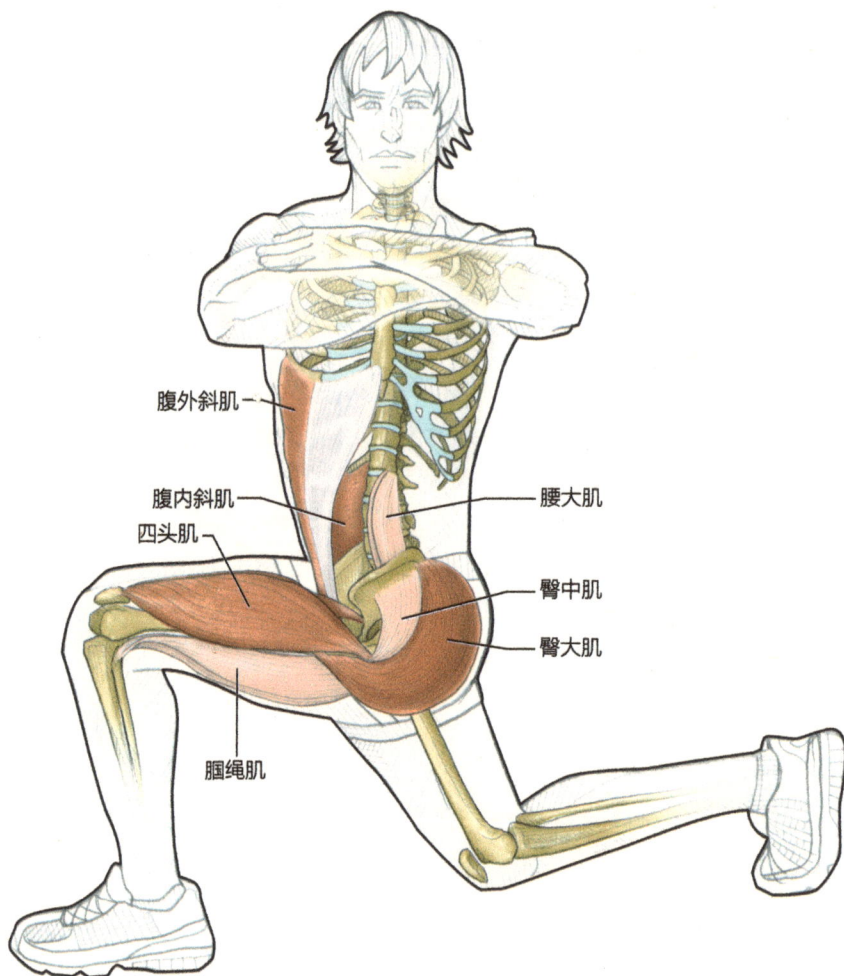

腹外斜肌

腹内斜肌

四头肌

腘绳肌

腰大肌

臀中肌

臀大肌

训练步骤

1. 分腿站立，两脚距离与肩同宽。

2. 向前迈左脚，屈右膝临近地面，同时左膝不得伸出左脚脚趾的位置。

3. 胸前交叉双臂，向左转动躯干。

4. 向中心回转，恢复起始姿势，换到另一侧重复上述动作。

涉及的肌肉

主要肌群：四头肌、臀大肌、腹外斜肌、腹内斜肌

辅助肌群：臀中肌、腘绳肌、腰大肌

高尔夫训练要点讲解

保持身体角度正确，对于该练习以及挥杆运动同样重要。腿部下蹲呈弓步时必须多花点力气稳定身体，避免由于躯干转动引起的移动。这条原则同样适用于后挥杆以及下挥杆，用于避免臀部的摆动和滑动。要实现躯干进行正确的转动，你还必须做到脊椎完全对齐形成一条直线。然而，在挥杆过程中许多的点位上，在做到脊椎完全对齐形成一条直线的同时还要保持臀部、膝盖和脚踝的相对稳定。这些弓步练习有助于你实现下体的稳定和力量。该练习中扭曲动作将帮助你训练躯干围绕臀部旋转的能力，且臀部不能移动。做到这两点将帮助你提高能量的传输效率，以及击球的连贯性。

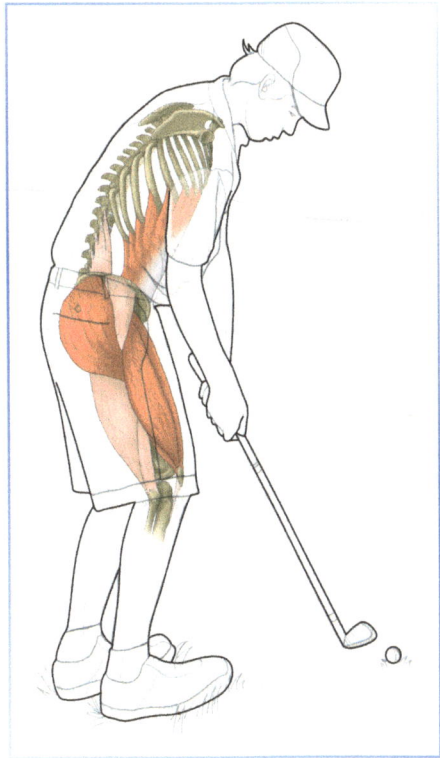

变体形式

持高尔夫球杆弓步转体练习

练习内容不变，但是将高尔夫球杆置于上臂和手之间。转体时保持直立，保持球杆与地面平行。这种姿势减少上腰的运动，同时要求你提高脊椎下部和腹斜肌肌肉组织的移动性。

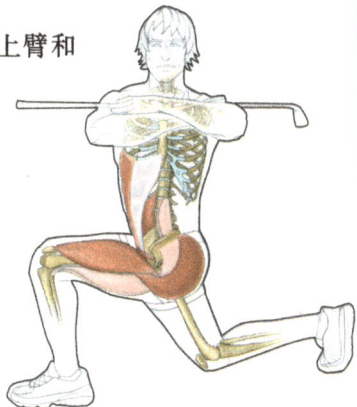

海豚式支撑练习

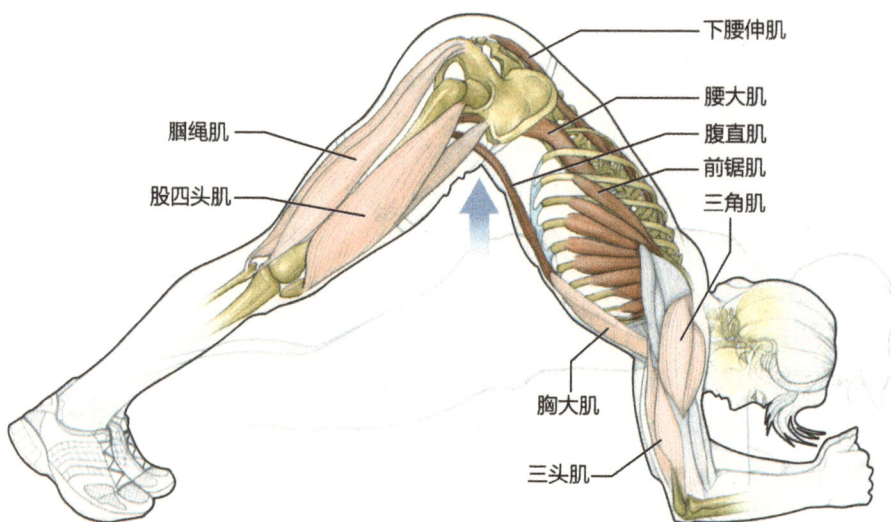

训练步骤

1. 前臂和脚趾着地，开始平板支撑姿势。

2. 向上翘臀，通过骨盆下方向腹部收尾骨。

3. 可以绷直腿部，但是上背隆起，最好保持膝部弯曲。

4. 坚持 30 ~ 60 秒。呼气同时，放松膝部着地。

5. 恢复平板支撑的起始姿势，重复练习（1 ~ 3 次）。

涉及的肌肉

主要肌群： 腹直肌、下腰伸肌、腰大肌、前锯肌

辅助肌群： 胸大肌、三头肌、腘绳肌、股四头肌、三角肌

高尔夫训练要点讲解

　　与开球区击球不同的是，球落在赛道上的位置多数时候都不尽如人意。有时，球的位置低于脚的位置，有时候又高于脚的位置。有时要到深草区去打球，有时又要到沙区去打球。有时也会出现意想不到的情况，即球的位置低于脚的位置且陷入深草之中。更有甚者，你不仅碰到了上述状况，而手中却握着铁质长杆或救援杆。出现这种情况，重要的是，身体具备灵活性，击球准备时能够轻松地摆出正确的准备姿势，接着具备充足的体力和稳定性保持身体的各种姿势，帮助你将球打到 200 码以外的果岭上。如果你能在赛道上成功完成此类击球，你就能化险为夷，屡创佳绩。

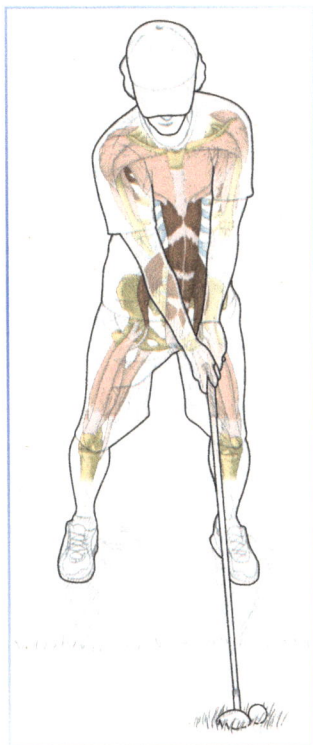

变体形式

向下的狗爬式练习

　　如果你觉得前臂平板支撑练习过于简单，尝试俯卧撑的姿势，使用手掌代替前臂进行平板支撑练习。接着，向上翘臀，同时通过骨盆下方向腹部收尾骨。可以绷直腿部，但是上背隆起时，最好保持膝部弯曲。

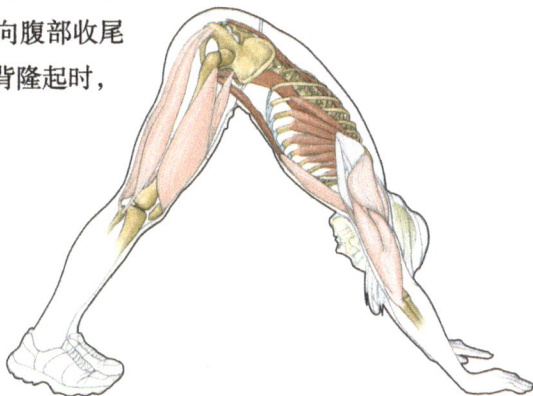

膝盖在下面支撑的高平板支撑练习

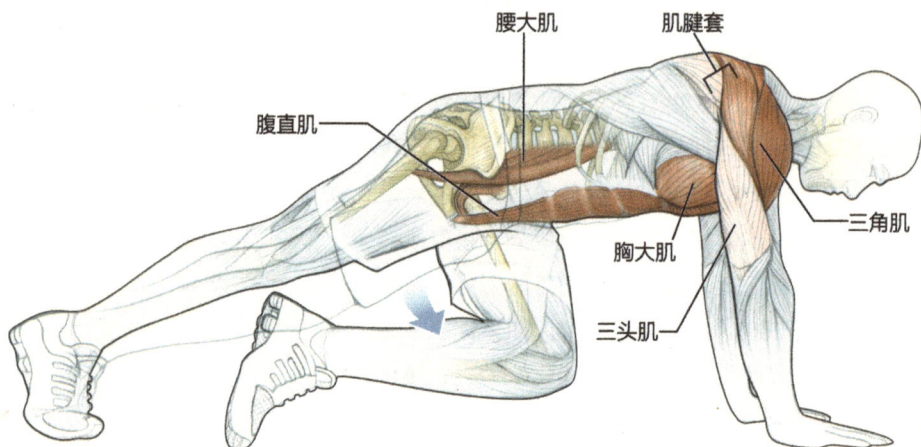

腰大肌　　　　肌腱套

腹直肌

三角肌

胸大肌

三头肌

训练步骤

1. 首先摆出俯卧撑的姿势，手掌位于肩下，肘部伸直。身体直如平板。
2. 缓慢抬起左脚，向上屈左膝，直至左脚触碰左臀部。
3. 缓慢地将左膝推入右大腿下方；稍停片刻。
4. 恢复起始姿势，换右脚重复上述动作。

涉及的肌肉

主要肌群： 三角肌、胸大肌、腹直肌、腰大肌

辅助肌群： 三头肌、肌腱套

高尔夫训练要点讲解

从茂密的深草区向外击球时，杆头挥过深草时，一方面要有足够力量保持身体的姿势不变形，另一方面还要能实现骨盆和躯干的正确分离。如果身体做不到或不能保持这种分离，最终的结果是杆头动力的损失，球却还停留在深草区。这可不是最好的结果！

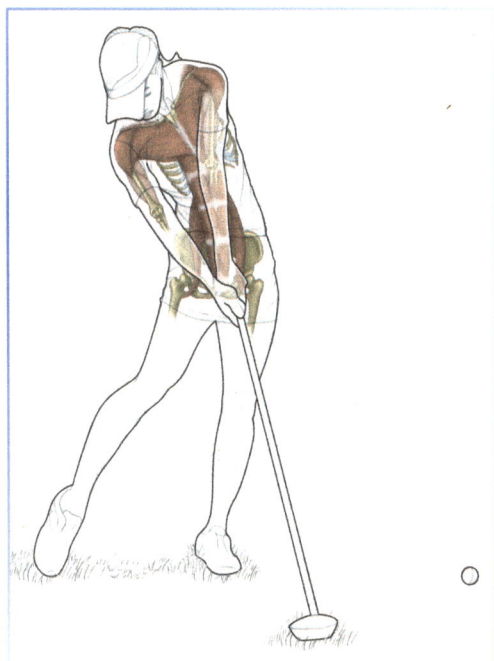

变体形式

伸臀平板支撑

如果其他练习对你来说还是有点难的话，不妨尝试这项练习。保持平板姿势，抬腿离地，坚持 10 ~ 15 秒。这项练习帮助我们强化保持身体平衡的各块肌肉，同时为完成其他练习做好准备。

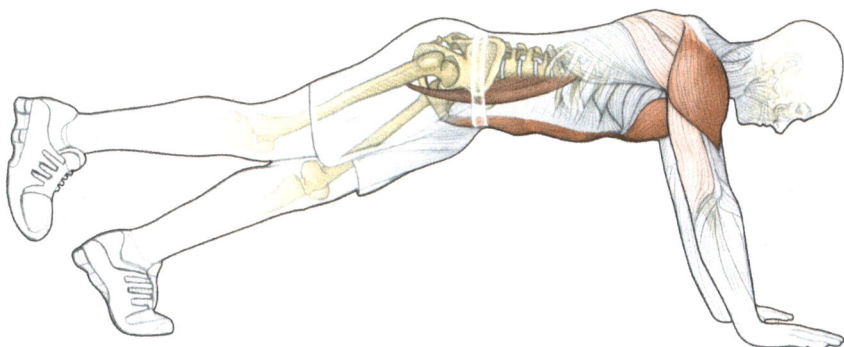

蜘蛛侠式俯卧撑练习

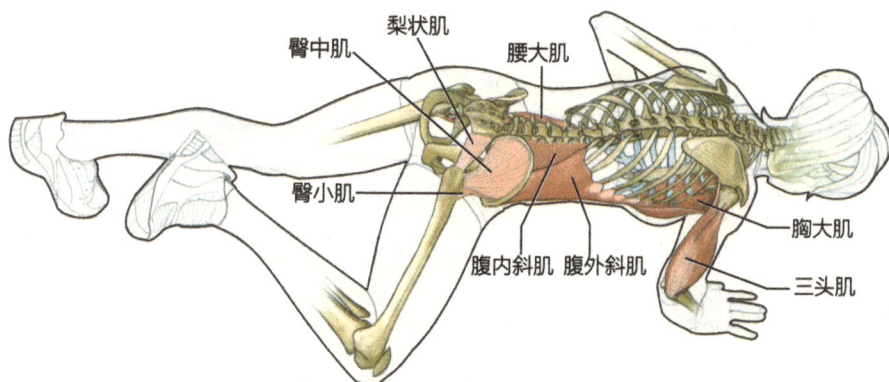

臀中肌　梨状肌　腰大肌
臀小肌
腹内斜肌　腹外斜肌
胸大肌
三头肌

训练步骤

1. 摆出俯卧撑姿势。

2. 屈臂俯身时，向上屈右膝，向右手方向运动，使大腿内侧与地面平行。主要通过臀部运动，尽量减少骨盆运动。

3. 恢复起始姿势，换另一条腿重复上述练习。

涉及的肌肉

主要肌群：胸大肌、三头肌、腹外斜肌、腹内斜肌、腰大肌

辅助肌群：臀中肌、臀小肌、梨状肌

高尔夫训练要点讲解

几乎所有的高尔夫击球都需要身体具备力量和移动能力。有些击球的要求比其他击球更高。如果臀部和躯干的移动能力不足，要做好姿势别扭、能量水平要求又很高的击球几乎是不可能的。许多高尔夫球员在正常击球时臀部运动都不足，在没有进行适当训练的情况下勉强完成难度更大的击球就很可能导致受伤。蜘蛛侠俯卧撑训练可以弥补这方面的不足，训练上体和躯干的力量，同时提高臀部的移动性。这种练习对于那些姿势别扭而双脚受困的击球来说，可以突破限制提供动力。力量与移动性的结合是高尔夫挥杆过程中很多环节的常见重点。不仅在球道上进行普通击球需要力量与移动性的结合，而且站姿别扭的击球也需要二者的结合。

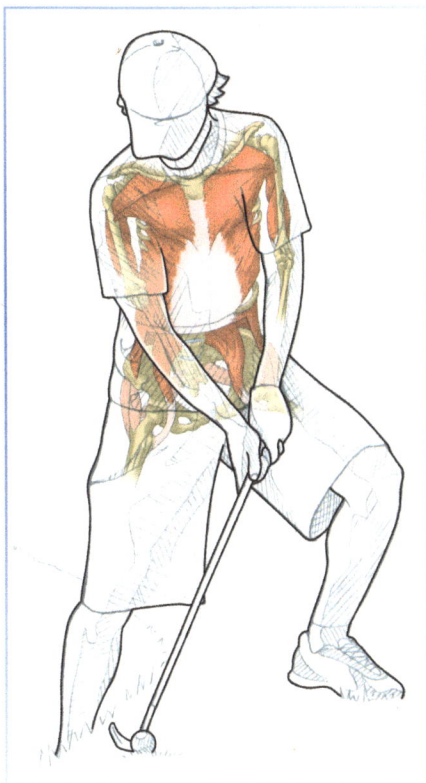

变体形式

蜘蛛侠式垫高俯卧撑练习

练习的内容不变，不同的是将双手放于板凳上。这将降低完成俯卧撑的难度，同时可以为臀部留下更多的空间进行弯曲和旋转。这种变体形式适合没有体力完成正常俯卧撑或是臀部的移动能力不足不能抬离地面的球员。

旋转身体单臂伸展 V 形坐立练习

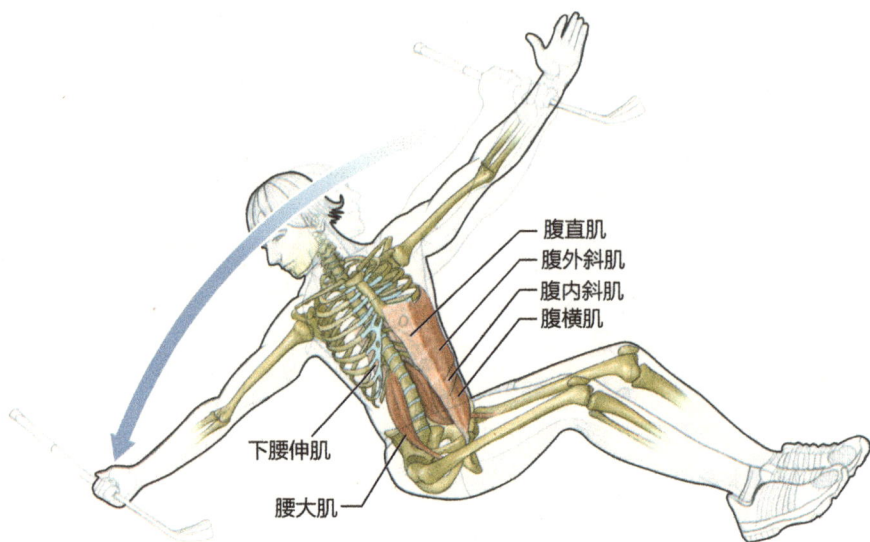

腹直肌
腹外斜肌
腹内斜肌
腹横肌
下腰伸肌
腰大肌

训练步骤

1. 屈膝坐于地上，双腿并拢，脚跟着地。手臂向前方伸直，双手抓住球杆。
2. 稍稍后仰，直至感到腹肌收缩。下腰应保持正常弧度。
3. 手持球杆，右臂向后伸展，同时旋转躯干和头部。
4. 收缩左侧腹肌，恢复起始姿势。
5. 换至左侧，重复上述动作。

涉及的肌肉

主要肌群： 腰大肌、腹横肌、腹内斜肌、腹外斜肌
辅助肌群： 下腰伸肌、腹直肌

高尔夫训练要点讲解

开始下挥杆时伸直前臂，要保持较大的运动半径，需要骨盆、腹部和肩部区域之间具备很大的灵活性。这些区域中任何一个区域受限，都会造成肩部和手之间（屈肘）的半径缩短。这将影响传导次序，并导致产生的能量减少。半径的缩短同时也要求全身进行其他的补偿，以便实现杆头正面击球。

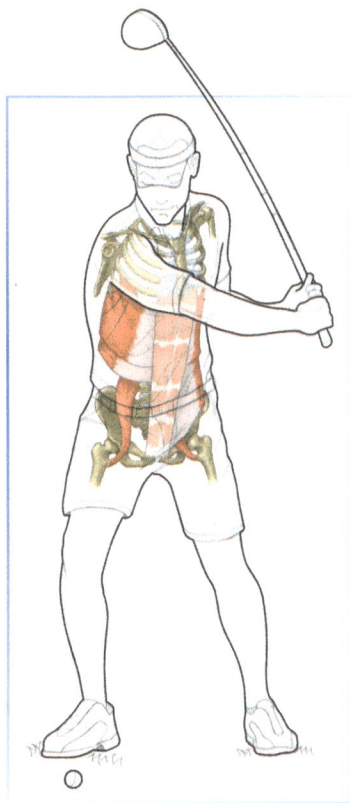

使用健身实心球进行反向伐木练习

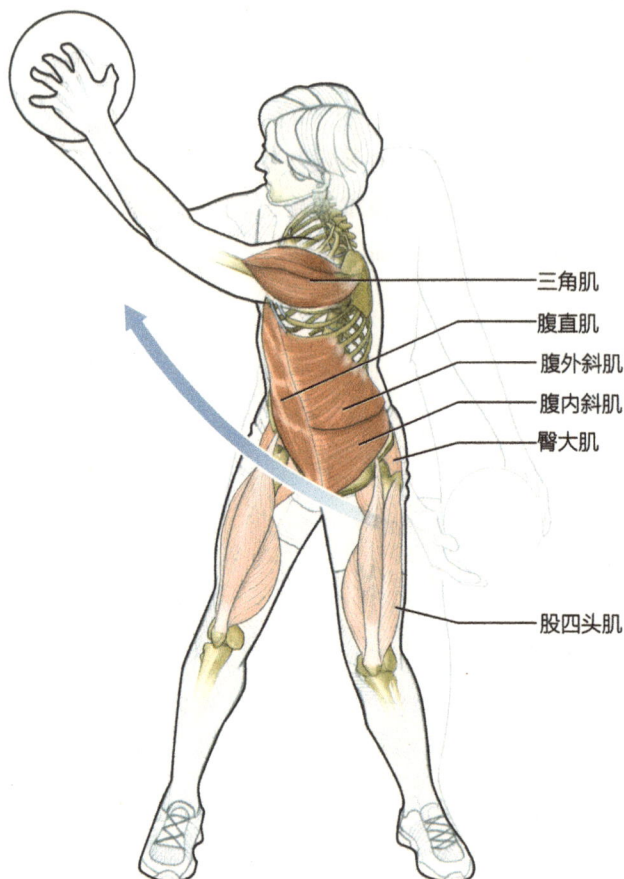

三角肌

腹直肌

腹外斜肌

腹内斜肌

臀大肌

股四头肌

训练步骤

1. 臀部和膝部微屈，双脚分开与肩同宽站立。双手握健身实心球，带球伸手至左膝外部下侧。

2. 保持腰部挺直，肩部后收，缓缓直立，同时旋转身体，向身体的右上方举球过顶，身体的重量应在右腿上。

3. 缓慢恢复起始姿势，换个方向重复上述动作，按需重复数次。

涉及的肌肉

主要肌群： 腹直肌、腹内斜肌、腹外斜肌、三角肌

辅助肌群： 股四头肌、臀大肌

高尔夫训练要点讲解

　　高尔夫挥杆动作旋转幅度很大，对身体造成了巨大的压力。同时，由于高尔夫运动是一项单侧运动，球员受伤的潜在风险就更高。身体讨厌不对称，出现不对称时，身体的移动方式就会改变，受伤的风险就会增加。反向伐木练习不仅有助于确保身体旋转的移动性，而且可以加强与高尔夫挥杆旋转相反的运动，从而改善身体的对称性并减少受伤的隐患。负责反向运动的肌肉也能在高尔夫挥杆运动中降低肌肉的运动速度。减速在高尔夫运动中非常重要，因为它可以实现身体的稳定并将能量顺利传递到球杆杆头。尽管仅朝着一个方向挥杆，你还是必须训练反向运动的肌肉。

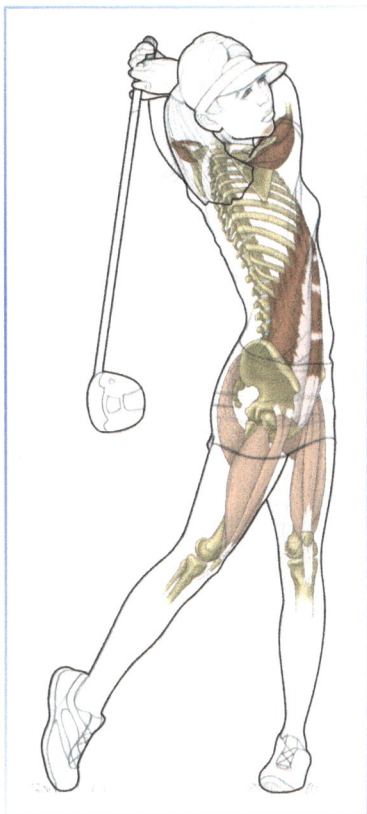

变体形式

使用拉力器进行反向伐木练习

　　你还可以使用拉力器进行这项练习。穿过下滑轮连一根绳，完成同样的运动。使用拉绳将会稍稍改变动态，因为拉绳的运动受到的限制会更多。这就使得在练习过程中保证姿势正确和身体稳定变得更加重要。

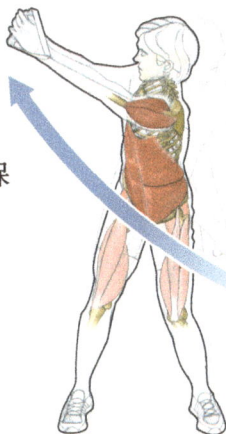

第3章

稳定性可保证挥杆动作的连贯性

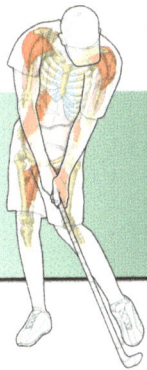

稳 定性这个概念涉及多个方面，对于挥杆的质量和安全有着深远的影响。如上一章所述，移动能力很重要，但是如果移动范围扩大后不能进行有效的控制，就会增加受伤的风险，降低击球动作的连贯性。在考虑稳定的意义时，有必要认识稳定性存在不同的层面。这些层面包括局部、单个关节、更加复杂的多个关节以及整个身体。

高尔夫球员需要实现多个层面的稳定性。在谈论这个话题之前，我们必须对稳定性有一个正确的认识。许多人都曾听到过稳定性一词，但是对于什么是稳定性以及缺少稳定性对于挥杆会产生什么样的负面影响却并不完全了解或理解。我们发现，说明稳定能力对于高尔夫球员的重要性的最佳方法，就是以夸张的方式从视觉上展示缺乏稳定能力对于高尔夫球员挥杆质量造成的种种影响。我们以亨特·马汉为例，他穿着一双新钉鞋，站在一块地势平坦、草坪修剪整齐的练习场地上，正在开球。你几乎能够体会到他在挥杆击球时鞋子抓地的感觉。想象他的挥杆动作，你能体会他双脚用力蹬地产生的力道，这股力接着沿着腿部向上依次进入骨盆、躯干、手臂，最终通过球杆转递给球体。

作为一例，亨特打出一记好球的画面轻而易举地说明了高尔夫挥杆动作中稳定性的意义。现在试想，如果亨特踩着滑板击球，那么他的挥杆以及球体飞行又会是什么样的情景。滑板的轮子与地面的摩擦力很小，极大地降低了它的稳定性。因此，没有力量可以保持滑板和亨特相对地面保持稳定。在他试图向后挥杆时，滑板会向前移动，而他也将失去身体平衡。如果他不能用脚蹬地面，就不能获得地面的反作用力，就更不能将这个力量通过身体传导给球杆。亨特站在滑板上即使能够击中球体，球体也不会飞得很远，而且他对于球体飞行方向所能进行的控制微乎其微。

在我们的身体中，如果某个部位没有依托于附近的部位，那么该部位就像上例中的滑板一样。这会导致能量和效率的损失。身体的肌肉、肌腱和韧带负责实现各自关节的稳定性。每一个身体组织内部都有各自的组成成分，这些组成成分充当着传感器，可以决定每个关节的运动量。如果这些传感器能发挥最佳作用，它们就能感知某个具体关节运动的细微变化，身体使用这些信息决定激活哪些肌肉，从而实现运动的稳定。如果由于没有使用或伤痛原因而不能发挥传感器的最佳作用，关节的运动范围就会过大。这会导致关节受压，能量传输也会受损。在整个挥杆过程中正确保持身体稳定可以实现能量从地面，通过臀部、躯干、手臂，最终在击球瞬间有效地传递到杆头。身体任何一个部位稳定性不足都会导致挥杆过程中动力和连贯性遭受较大的损失。

高尔夫球员出现稳定性不足较常见的身体部位是臀部。连接腿部和骨盆的肌肉往往不够发达，相当于我们刚刚谈到的滑板。在高尔夫球员向下挥杆和击球阶段中，臀部滑移，越过前腿。这种滑动阻碍了髋关节正确的旋转，也阻碍了高尔夫球员正确地将身体重心转移到前腿上（对于习惯使用右手的高尔夫球员来说，指的是左腿）。骨盆稳定性较差的高尔夫球员中，大部分人容易出现曲线球问题，同时还会让下腰

冈下肌
背阔肌
腹外斜肌
臀中肌
髋关节（向外旋转中）
股四头肌
骨间肌

距腓前韧带　　　胫腓前韧带
跟腓韧带

图3.1　从脚、躯干到手臂等身体各部位的稳定性可以实现最有效的能量传递，负责稳定身体躯干和脚部的主要肌肉

承受很大的压力。很多情况下，造成滑动有两个原因，一是打球技术差，二是负责臀部旋转和稳定的肌肉无力、欠发达或是没有被充分利用。如果这些肌肉不能充分发挥作用，臀部、骨盆和脊椎就不能相互依托，从而不能实现挥杆过程中能量高效和安全的传输。

这只是一个例子，说明身体缺乏稳定性对于高尔夫的挥杆质量会产生怎样的负面影响。有必要先培养局部关节的稳定性，然后再实现全身整体功能的稳定性。

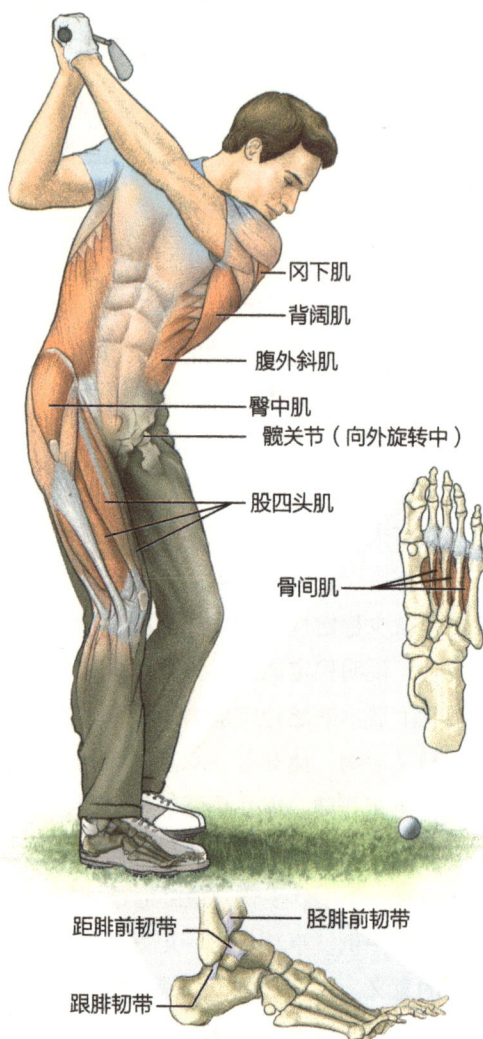

例如，要实现肩部稳定，你必须首先实现肩胛骨与肋骨和脊椎之间的稳定，以及肩胛骨与手臂之间的稳定。如果上述两处关节任何一处出现肌肉和韧带的不平衡，就会出现整个肩部的不稳定现象。先要考虑单个关节的稳定性，再注意整个肩部的稳定性。手臂必须依托肩胛骨，肩胛骨又必须依托于肋骨和脊椎。只有先实现单个或多个关节的稳定性，才能实现正确的肌肉收缩和能量传递。

本章主要是帮助高尔夫球员实现肩部、脊椎和骨盆3个身体部位的稳定。我们认为这3个部位对于正确挥杆最为重要。骨盆可以将腿部产生的力量传递给脊椎和躯干，肩部可以将脊椎和躯干的能量传给手臂，最终传给球杆。你一旦学会了如何正确实现稳定和分离肩部、脊椎和骨盆，你就能发现各种练习，这些练习要求你在全身运动时实现这些部位的稳定。

本章中介绍了各种练习，包括各种难度水平。除非另行说明，否则本章的所有练习一律重复8～15次，具体取决于你的身体状况以及练习的难易程度。动作要到位。如果你保持动作到位完成不了8次，那么保持动作不变形，能做几次就几次，不断练习，直至做到8次。每项练习做3组。随着你身体的改善，增加每组练习的次数。大多数的练习仅仅靠身体自重。对于那些需要外部阻力的练习，选择一个合适的重物，以便完成3组、每组15次的练习。做到这些之后再增加外力。随着你身体的改善，增加阻力，尝试完成3组、每组8次的练习。

T 形练习

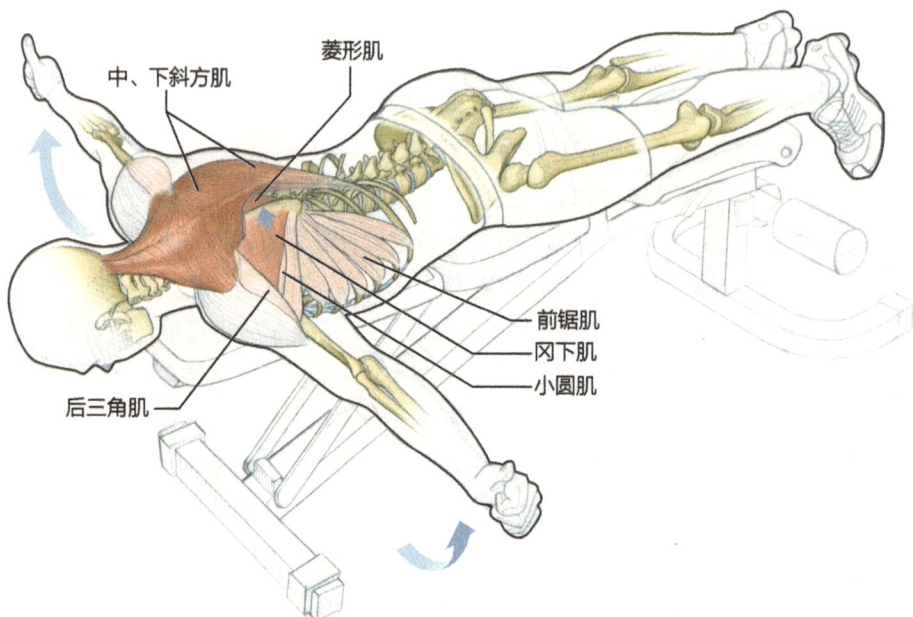

中、下斜方肌

菱形肌

后三角肌

前锯肌

冈下肌

小圆肌

训练步骤

1. 以腹部为支撑趴在长凳上，手臂自然下垂指向地面。伸直肘部，竖起拇指。

2. 缓慢夹起肩胛骨，朝远离耳朵的方向运动，但不能移动手臂。

3. 缓慢向两侧抬起伸直的手臂，与身体形成 T 形。不得耸肩。

4. 坚持住，数两下，然后恢复起始姿势。

涉及的肌肉

主要肌群：菱形肌、中斜方肌、下斜方肌、冈下肌

辅助肌群：小圆肌、前锯肌、后三角肌

高尔夫训练要点讲解

在下挥杆的过程中，你要将前肩胛骨使劲向脊椎方向拉，向下朝耳朵的反方向拉。这样做时，肩胛骨就会依托于躯干。这让左臂可以用力拉伸，让高尔夫球员可以将身体的重心转移到前腿上（习惯使用右手的高尔夫球员的左腿）。如果前面的肩胛骨没有向下拉，而是向耳朵处耸起，那么高尔夫球员就很难将身体重心移至前侧，相反却将重心推向了后腿。这就降低了高尔夫球员的发力能力，增加了下腰承受的压力，随着该球员紧握球杆完成击球，往往打出曲线球。

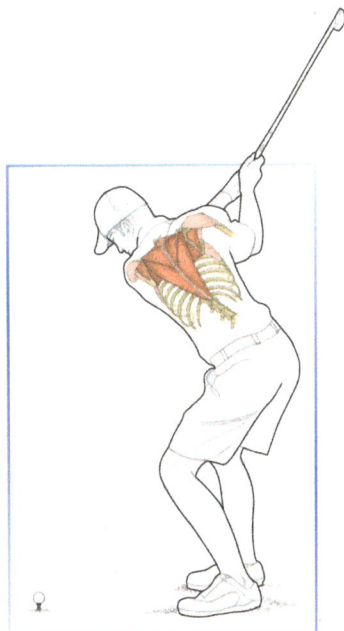

变体形式

W 形练习

该变体形式练习训练的肌肉相同，但由于手臂的姿势不同，训练方法稍稍不同。如果你觉得 T 形练习有点难，不妨从 W 形练习开始，可能会更简单一点。W 形练习和 T 形练习训练方法的不同之处就是曲肘 90 度。拇指指向天花板。

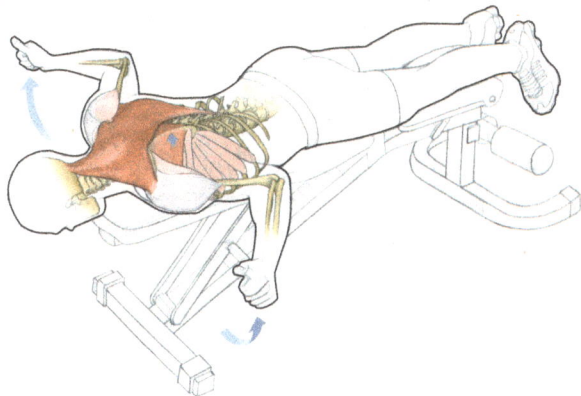

肩部收缩由高向低拉臂练习

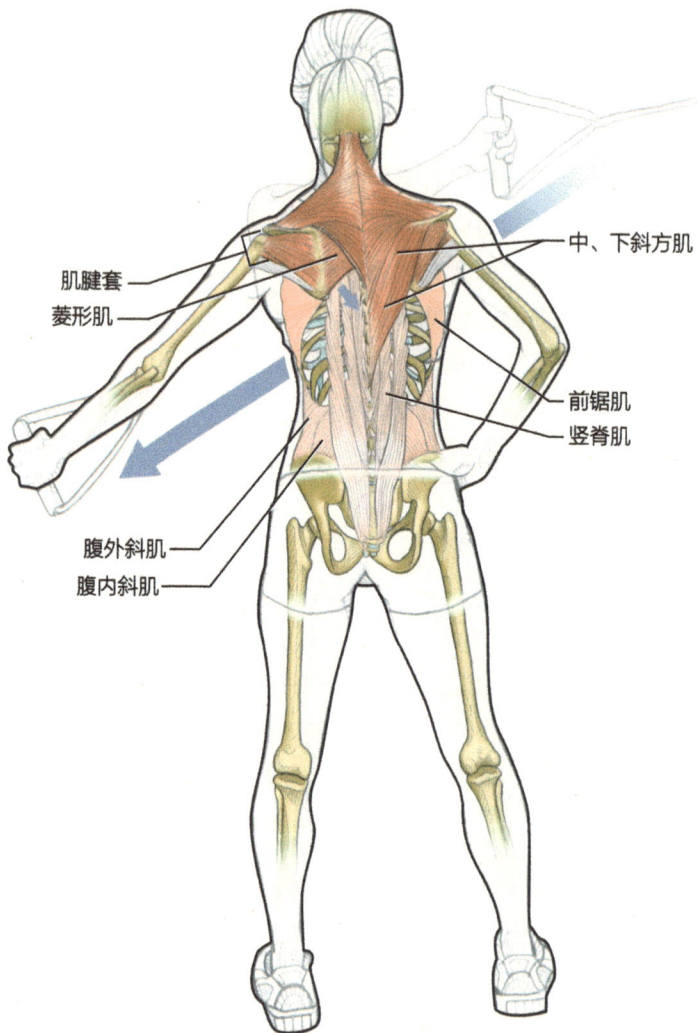

肌腱套
菱形肌

中、下斜方肌

前锯肌
竖脊肌

腹外斜肌
腹内斜肌

训练步骤

1. 抓住弹力带的手柄，左臂在胸前横向伸展，右手放于腰部。

2. 向身体对角线的方向拉手柄，至左臀部的外侧，同时左肩胛骨向里收向脊椎，向下远离耳朵。

3. 始终保持左臂伸直。

4. 恢复起始姿势重复若干次。换右臂进行练习。

涉及的肌肉

主要肌群： 中斜方肌、下斜方肌、菱形肌、肌腱套

辅助肌群： 腹外斜肌、腹内斜肌、竖脊肌、前锯肌

高尔夫训练要点讲解

　　高尔夫球员都知道，我们应该具备这种能力，即向下挥杆击中球体或是将球打出深草区或潮湿的沙区。如果你不能击中球体，身体的能量就不能传递到球体上，就会出现没有打中的现象。正如我们在 T 形和 W 形的练习中描述的那样，高尔夫球员应该实现前侧肩部的稳定，从而在击球时拉动身体向前腿移动。做到这一点非常重要。高尔夫球员还要在努力向前侧转移的同时实现躯干的稳定。这是一项非常有益的练习，一方面帮助你学习如何下拉肩胛骨，前后移动手臂击球，同时也能指导你如何稳定身体的躯干。

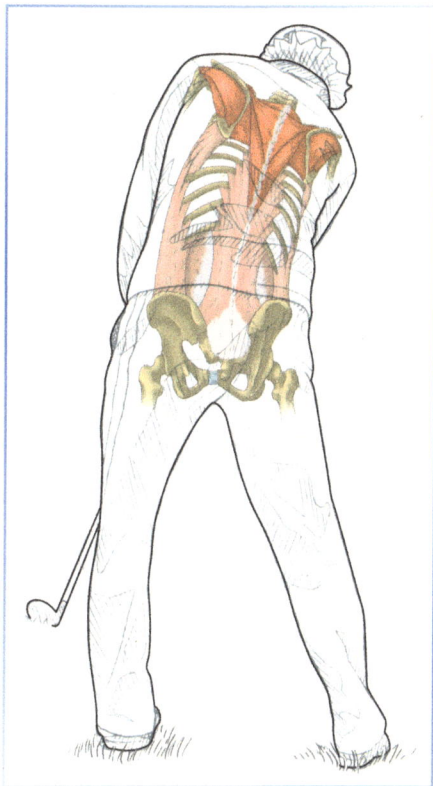

侧躺外髋转动练习

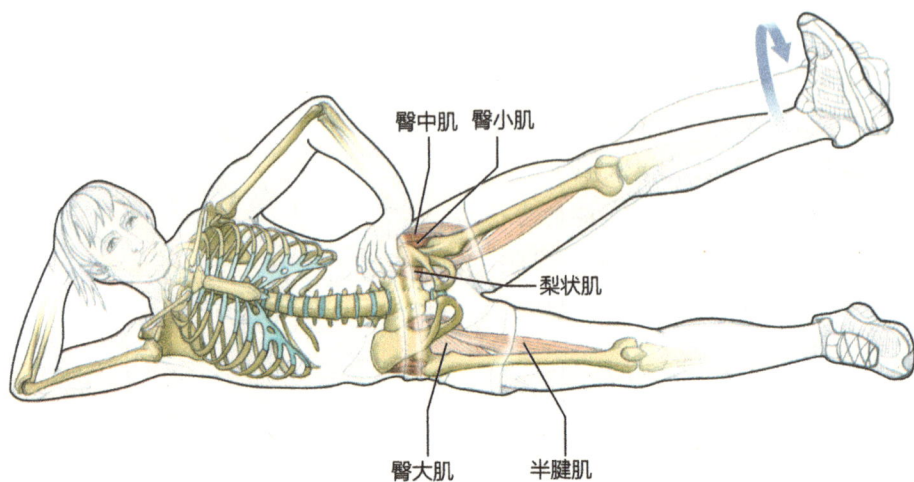

臀中肌　臀小肌

梨状肌

臀大肌　半腱肌

训练步骤

1. 侧躺，双腿伸直。身体从头至脚形成一条直线。

2. 不得弯腿，将位于上方的腿向上抬起 12 英寸（1 英寸约合 2.54 厘米）。这是起始姿势。

3. 旋转髋关节，转动位于上方的腿，脚趾指向天花板。

4. 恢复起始姿势重复数次，换侧用另一条腿重复练习。

涉及的肌肉

主要肌群：梨状肌、臀中肌后侧、臀小肌

辅助肌群：半腱肌、臀大肌

高尔夫训练要点讲解

　　在下挥杆过程中，前腿要创建一个稳定的基础，从而让骨盆向前侧进行有效的转动。如果连接臀部和骨盆的肌肉无力（大部分人都是如此），骨盆可能在下挥杆过程中向球侧滑动幅度过大，这就阻碍了臀部的转动。最终导致手臂运动空间不足，不能进行充分运动。从而使得球员身体遮挡球体或是打出曲线球。这是造成球场上出现击球受阻和曲线球的一个较为常见的原因。

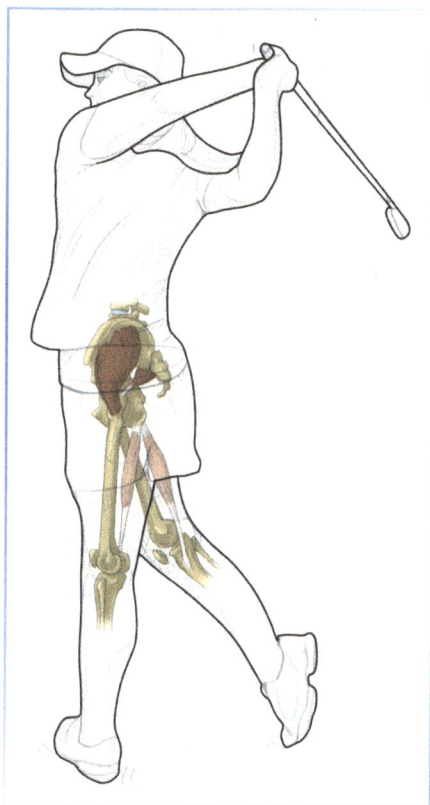

侧向抬脚向内旋转练习

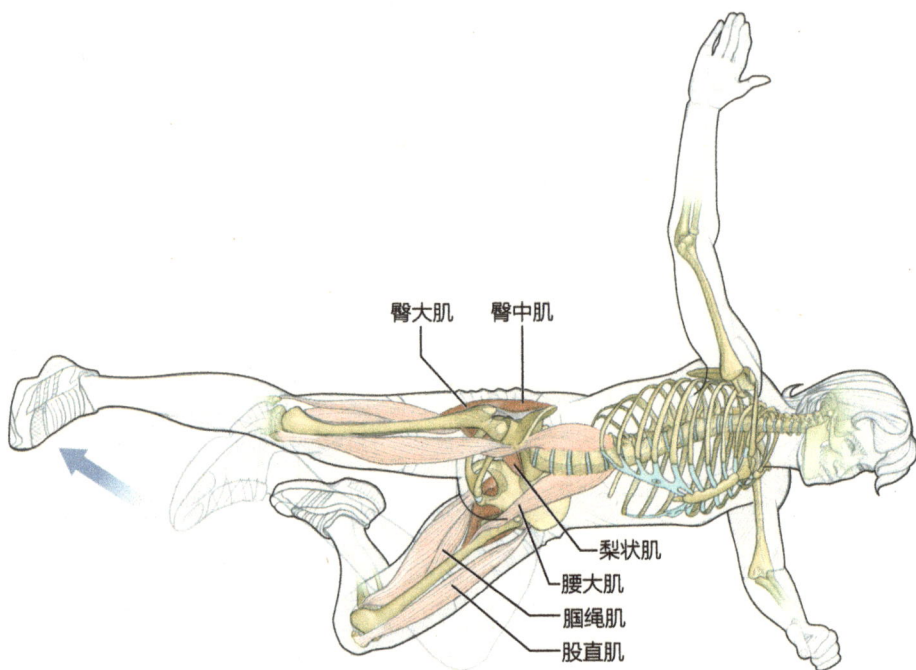

臀大肌　　臀中肌

梨状肌
腰大肌
腘绳肌
股直肌

训练步骤

1. 使用左前臂和左膝支撑身体，身体从头至脚成一条直线。

2. 举右臂过头，将位于上方的腿上抬 12 英寸。这是起始姿势。

3. 收大腿，屈膝成 90 度。上腿膝部应与臀部处于同一水平。

4. 收缩臀部肌肉，伸直位于上方的腿，恢复起始姿势。

5. 重复数次，换侧，用另一条腿重复上述动作。

涉及的肌肉

主要肌群： 臀大肌、臀中肌、梨状肌

辅助肌群： 腘绳肌、腰大肌、股直肌

高尔夫训练要点讲解

　　上面的练习中提到，连接臀部和骨盆的肌肉无力会造成骨盆滑向球侧，击球时骨盆转向前侧的能力下降。如果这些肌肉强健、功能正常，那么球员就能够在下挥杆和击球时牢牢地固定前脚，从而有效地将腿部的发力通过躯干传递给手臂，这样就能更轻松地进行强劲有力、方向准确的击球。如果髋关节本身具备充分的移动性，移动会变得更加简单。因此完成本书有关移动性章节介绍的练习很重要。

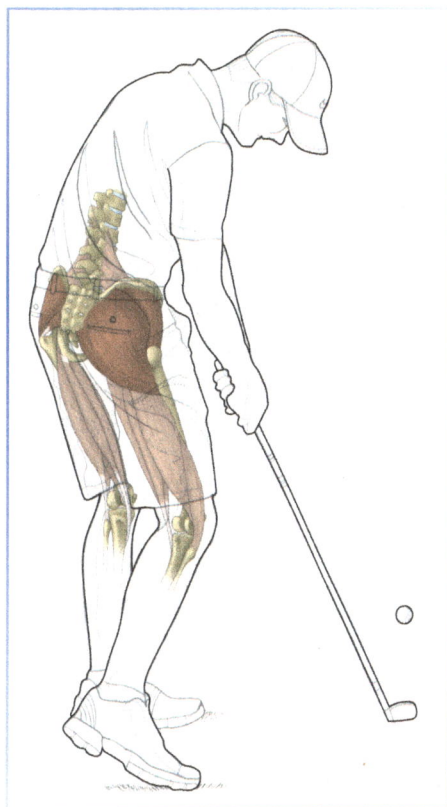

仰卧，脚跟和脚趾于腹部上方旋转练习

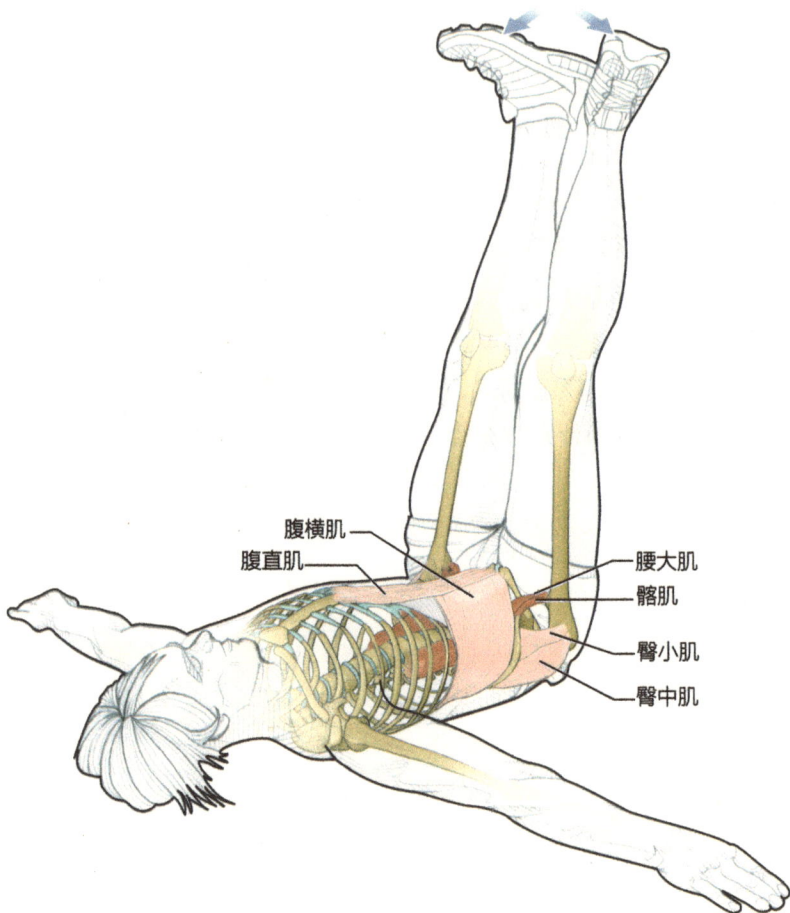

腹横肌
腹直肌
腰大肌
髂肌
臀小肌
臀中肌

训练步骤

1. 躺下，抬腿与地面形成 60 ~ 90 度夹角（腿部伸直）。

2. 脚后跟相碰（整个练习过程中保持相碰状态），缓慢旋转臀部，实现脚趾彼此分离。

3. 回转臀部至起始位置。

4. 重复数次。

涉及的肌肉

主要肌群： 腰大肌、髂肌、梨状肌

辅助肌群： 腹直肌、腹横肌、臀中肌、臀小肌

高尔夫训练要点讲解

　　业余球员常犯的一种挥杆错误就是击球前伸展较早，没能保持脊椎的姿势。这种缺点在使用长杆时表现得更为明显，原因是球杆越长，身体必须吸收的力量就越大。很多高尔夫球员都说，他们使用短杆时保持身体姿势和角度没有问题，可是使用较长的铁杆、木杆和开球杆时就不行了。如果一个球员在下挥杆和击球时保持身体姿势有困难，锻炼腰大肌就非常重要了。腰大肌连接的是脊椎和腿部，如果这块肌肉没有力量，就不能承受长杆形成的强大力量，以及长度的缩短。腰大肌在重负之下会拉长，这种现象被视为脊椎姿势在击球前遭到破坏。

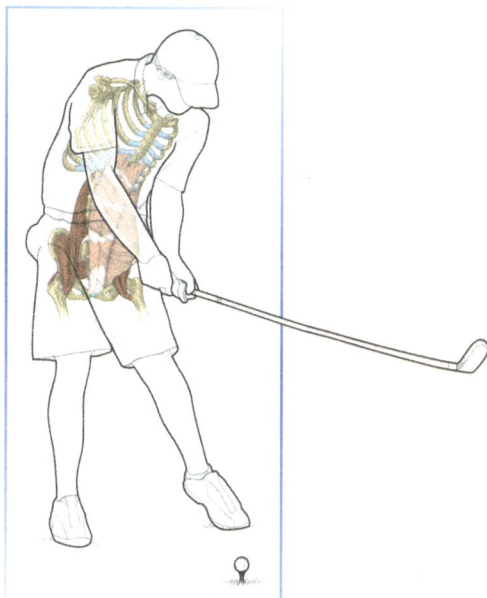

变体形式

仰卧，脚跟和脚趾于腹部上方反向旋转练习

　　这种变体形式的完成方式与之前的练习相同，不同的是保持脚趾接触，转动脚后跟。这种练习训练的肌肉不变，但是这些肌肉由于腿部和臀部反向旋转，所以受压的方式不同。

俯卧式背展练习

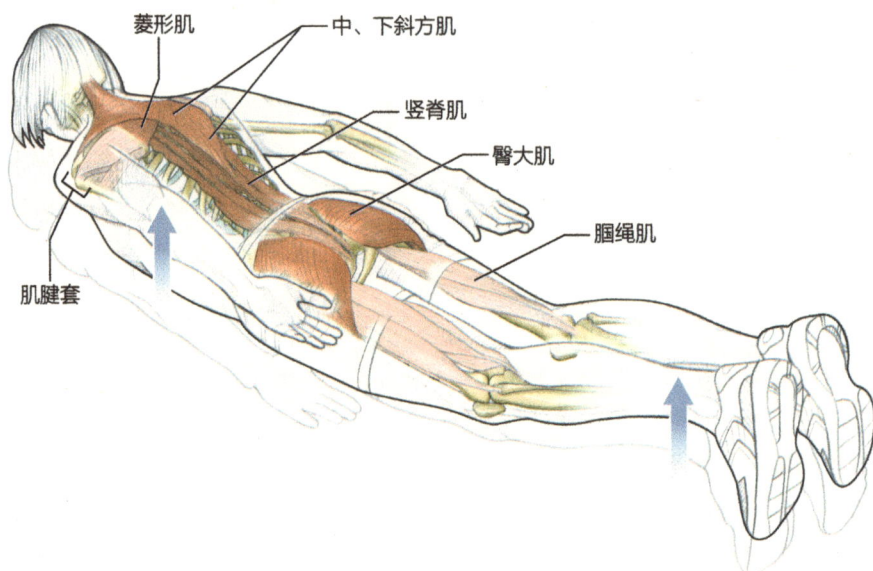

菱形肌

中、下斜方肌

竖脊肌

臀大肌

腘绳肌

肌腱套

训练步骤

1. 趴下，双腿并拢，手臂放于身体的两侧，掌心朝上。

2. 压缩肩胛骨和臀部间的肌肉，将上体、手臂和腿部稍稍抬离地面。

3. 在整个练习中俯视地面，保持颈部平直。

4. 坚持这个姿势，缓慢呼吸2～5次。

5. 恢复起始姿势并重复上述动作。

涉及的肌肉

主要肌群：菱形肌、中斜方肌、下斜方肌、臀大肌、竖脊肌

辅助肌群：腘绳肌、肌腱套

高尔夫训练要点讲解

随着你从下挥杆开始爆发式发力，身体必须能够正确稳定肩部、骨盆和脊椎等部位，同时逐步完成各种不同的运动。为了顺利完成挥杆过程中的这些动作，要求你通过健身练习来训练自己的身体，使之在功能上成为一个完整的整体。这种练习对于提升整个身体后半部的力量和稳定性提供了一个非常有效的方法。重视从头顶到脚趾指尖的全身拉伸。同时，还要注意呼吸，确保胸腔在吸气时膨胀。做练习时要谨慎，如果出现任何腰痛，要就医。

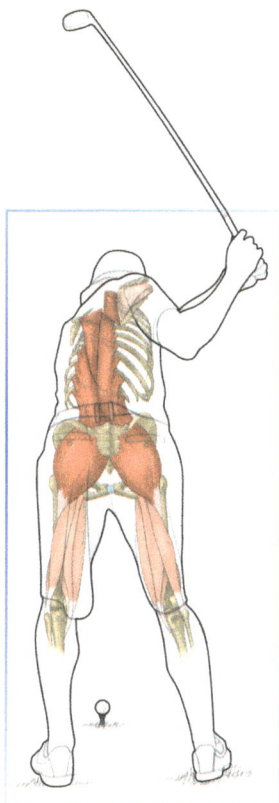

变体形式

俯卧式 T 形背展练习

变体形式练习，练习内容相同，不同之处在于，保持手臂向外伸直，形成一个 T 形，拇指指向天花板。这项练习增加中、下斜方肌的训练难度。不要将肩膀向耳朵处上提，否则上斜方肌将发挥控制性作用。

全身侧面平板练习

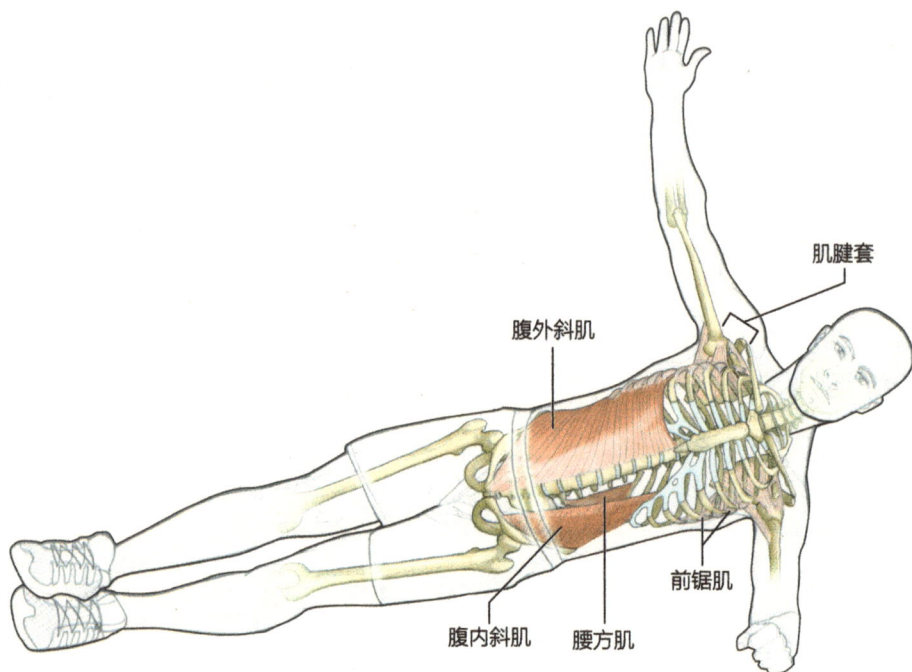

肌腱套

腹外斜肌

前锯肌

腹内斜肌　　腰方肌

训练步骤

1. 左侧斜躺，右腿置于左腿之上。左前臂支撑身体，肘部位于肩部的正下方。

2. 使用左前臂和左腿支撑身体，使腿、膝部、臀部和肩膀都处于同一直线上。

3. 保持这一姿势，臀部和躯干部位不得下沉，骨盆不得向后滚动，腰部也不能弯曲。

4. 坚持直至动作变形，然后换另一侧重复上述动作。

5. 每侧重复 3 ~ 5 次。

涉及的肌肉

主要肌群：腹外斜肌、腹内斜肌、腰方肌

辅助肌群：前锯肌、肌腱套

高尔夫训练要点讲解

　　如果坡地没有起伏，草的长短一致，沙地坚固，赛道上没有障碍，每次挥杆姿势不变，这样高尔夫运动就会变得更加简单。由于实际情况并非如此，你必须做好准备应对各种不同的情况进行挥杆击球。这项练习不仅可以帮助你获得标准击球所需的力量，而且可以帮助你应对稳定性要求更高的其他挥杆运动。从深草区干净利落地击球是一件困难的事。如果你没有足够的力量实现骨盆和下腰的稳定，这一切基本就做不到。全身侧面平板练习可帮助你获得这种力量，这样才能承受高速挥杆在遇到深草之类的阻力时对身体造成的压力。

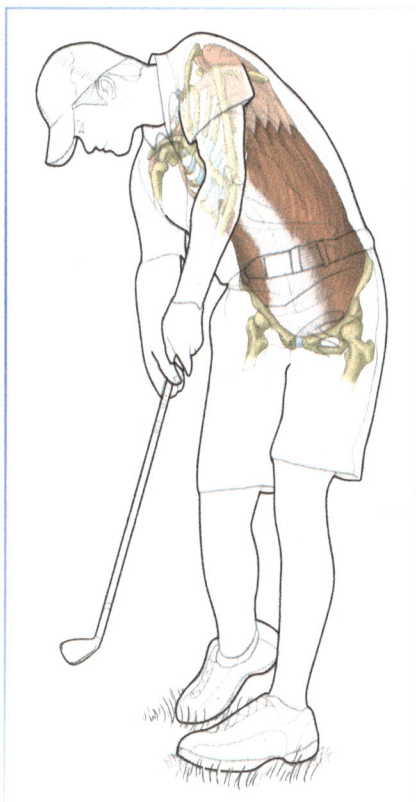

变体形式

侧平板臀部下沉运动

　　一旦你在进行全身侧面平板练习时能够坚持较长时间且动作不变形，那时就可以进行变体形式练习了。将臀部下沉几英寸，保持姿势，数两下，再回收，从而增加肌肉训练的难度。确保通过臀部和骨盆部位而非肩部发力控制身体移动。

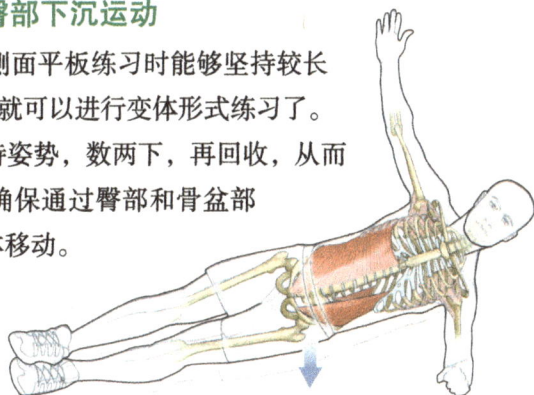

单腿支撑横向挥动手臂练习

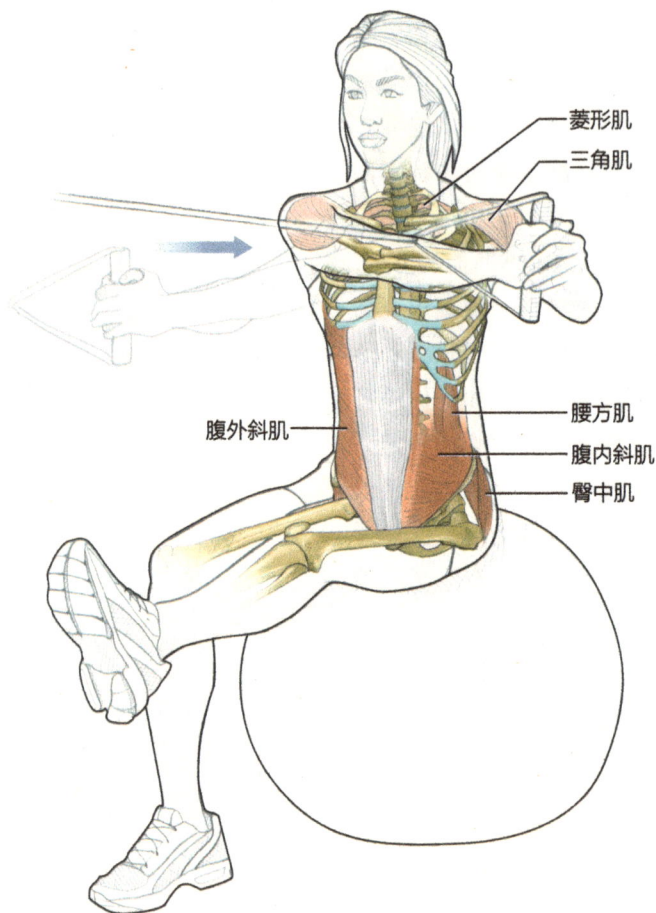

菱形肌

三角肌

腹外斜肌

腰方肌

腹内斜肌

臀中肌

训练步骤

1. 坐在弹力球上，左脚抬离地面，右腿着地，右膝和臀部弯曲90度。

2. 将弹力绳直接连接身体右侧的某个固定物体。

3. 双手握住弹力绳的手柄，锁住胳膊肘，手臂向外伸直置于体前。弹力绳与手臂形成90度夹角。

4. 保持头部和膝盖朝前，充分向左旋转躯干。

5. 重复数次。反向重复上述动作。

涉及的肌肉

主要肌群： 臀中肌、腹外斜肌、腹内斜肌、腰方肌

辅助肌群： 三角肌、菱形肌

高尔夫训练要点讲解

高尔夫的挥杆动作由于涉及运动范围广，且该项运动的旋转角度较大，所以给身体带来了许多挑战。许多人使用双腿保持身体平衡并不觉得困难，但是加上高速的高尔夫挥杆动作，身体的许多部位就会出现不稳定的现象。这项练习结合阻力旋转来训练臀部的稳定性。你在高尔夫球场上每次挥杆，都要求在围绕臀部旋转躯干的同时，保持臀部的稳定。缺少稳定这一关键能力，就会出现许多的挥杆错误，永远也实现不了连贯的击球动作。练习中，身体不能左右摇摆，同时始终保持脚、膝和臀部三点一线。这将有助于你避免在挥杆过程中左右摇摆、前后滑动，从而为挥杆打下一个坚实的基础。

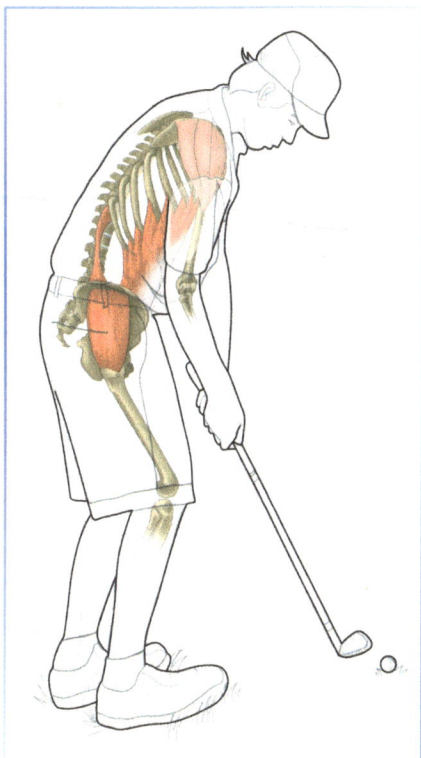

变体形式

使用弹力绳进行单腿水平拉伸

该练习也可以配合使用可调节绳索拉力器以及滑轮拉手。将弹力绳置于与肩同高的位置，与身体形成 90 度夹角，形成起始姿势，进行同样的运动。

T 形俯卧撑练习

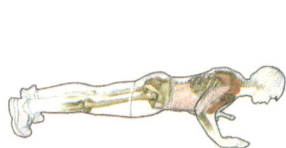

开始姿势

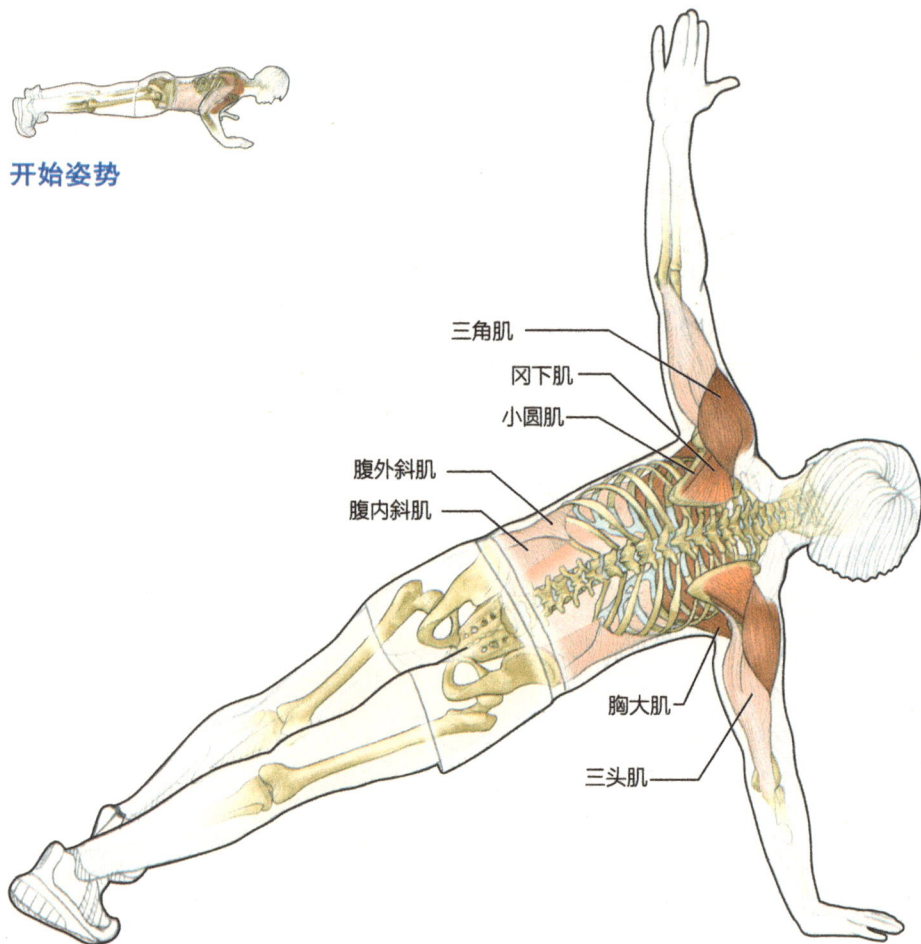

三角肌

冈下肌

小圆肌

腹外斜肌

腹内斜肌

胸大肌

三头肌

训练步骤

1. 以俯卧撑的姿势作为起始姿势。

2. 进行常规的俯卧撑练习，但是在上撑的过程中用右手保持身体平衡，举起左手，并向左旋转身体躯干。

3. 旋转身体，直至胸部正对着左侧，左手伸直，指向天花板。

4. 缓慢恢复至起始姿势，换至另一侧，重复上述练习。

涉及的肌肉

主要肌群：冈下肌、小圆肌、三角肌、胸大肌

辅助肌群：三头肌、腹外斜肌、腹内斜肌

高尔夫训练要点讲解

　　下挥杆过程中为了避免松杆过早，你必须保持手臂和肩部的角度正确。要做到这一点，对力量和稳定性的要求随着球杆的长度的加长而增加。因此，当你必须使用一根用于赛道击球的木杆来打第二杆时，肩部保持稳定的能力对于避免出现挥杆技巧问题来说至关重要。T形俯卧撑练习不仅可以加强肩部、保持稳定的肌肉，而且还能帮助你提高控制这些肌肉的能力。要正确完成这项练习，你必须依靠稳定的肩部完成大部分的运动。围绕着肩部转动身体对于这些肌肉提出了很高的要求。这将使你能够提高控制挥杆的水平。

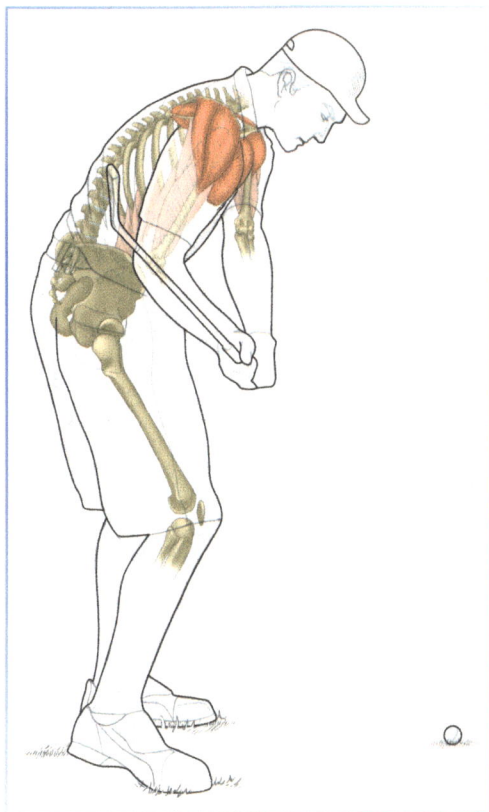

变体形式

哑铃 T 形俯卧撑

　　练习内容不变，只是增加了 5 ～ 10 磅的哑铃。训练的肌肉不变，但是这些发挥稳定作用的肌肉面临更多的挑战。必须等到你的身体条件许可时才能进行变体形式，因为这项练习还对腕部的稳定肌肉造成了压力。

使用实心球进行俯卧撑练习

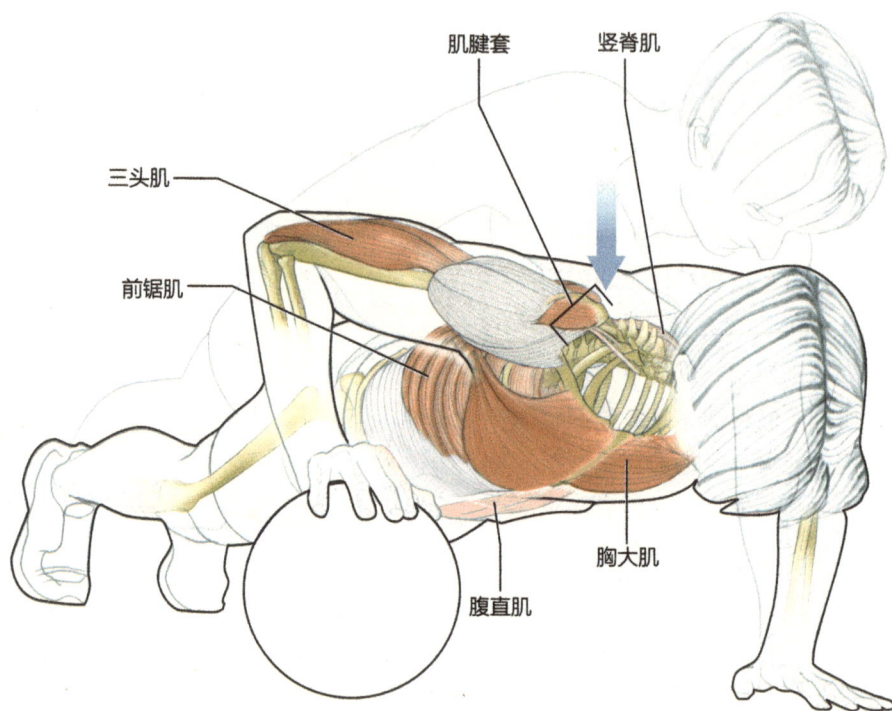

肌腱套　　竖脊肌

三头肌

前锯肌

腹直肌

胸大肌

训练步骤

　　1. 摆出俯卧撑的姿势，不同的是将中号实心球置于右手下方。

　　2. 缓慢俯卧，同时保持脊椎平直且不受力。

　　3. 回到起始姿势。

　　4. 重复数次，将实心球置于另一只手的下方重复上述练习。

涉及的肌肉

　　主要肌群：胸大肌、三头肌、前锯肌、肌腱套

　　辅助肌群：腹直肌、竖脊肌

高尔夫训练要点讲解

将能量从地面传递给球杆，要求我们身体的很多部位共同合作。一旦能量到达我们的躯干上部，肩膀对于将能量传递给球杆就起到了重要作用。使用实心球来完成俯卧撑，可以锻炼你的肌肉，训练肩部进行细微的运动和提高反应能力。当你将要击球时，肩部必须保持稳定才能有效地将身体所有的能量传递给手和球杆，同时还能保持手与球杆的速度和力量。将一只手置于实心球之上，因为双手处于不同的水平，还能训练肌肉中少许不同的部位。这样可以保证使用更多的肌肉纤维，同时由于需要保持稳定，训练的难度也会增加。

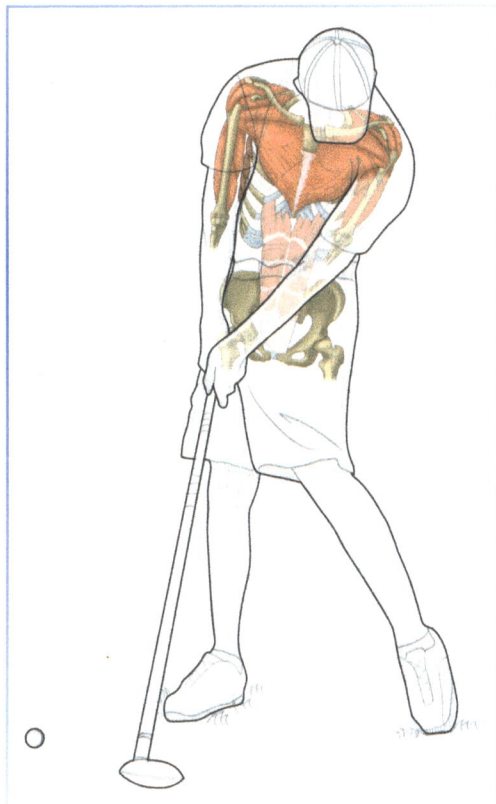

变体形式

弹力球上俯卧撑

由于弹力球造成了更多的不稳定性，这种变体运动大大增加了身体训练的难度。但是训练的肌肉不变。由于双手处于不稳定的状态中，你的收缩肌肉很多都用于保持身体平衡，然后才能进行移动练习。

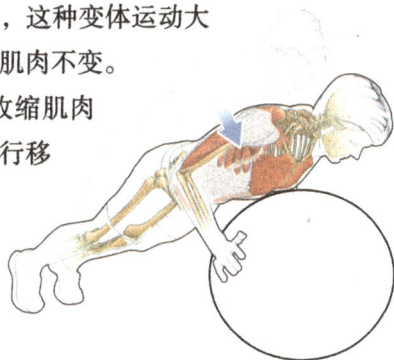

侧平板旋转练习

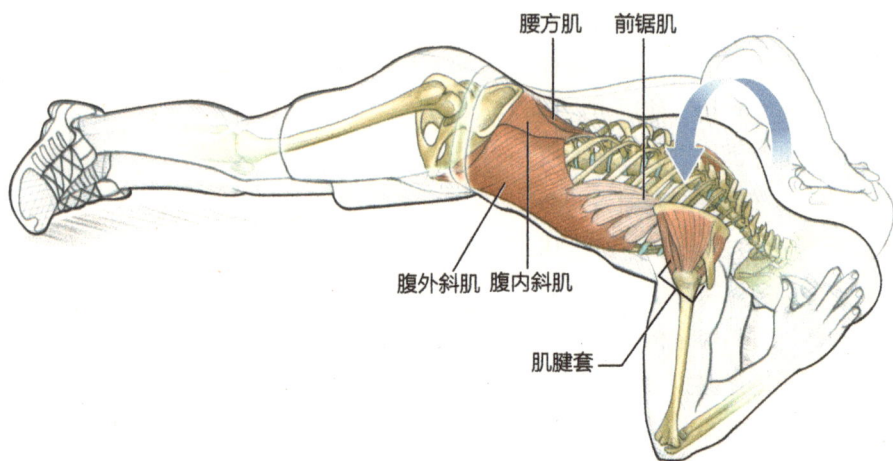

腰方肌　前锯肌

腹外斜肌　腹内斜肌

肌腱套

训练步骤

1. 使用左前臂支撑身体，摆出全身侧面平板姿势（参见64页），将右手置于脑后。

2. 缓慢朝地面方向旋转躯干、臀部和右肘，将躯干和臀部作为一个整体一起移动。

3. 通过斜方肌和左肩发力进行运动。不是仅仅移动肘部。

4. 缓慢恢复至起始姿势。

5. 重复数次，换另一侧重复上述练习。

涉及的肌肉

主要肌群：腹外斜肌、腹内斜肌、腰方肌、肌腱套

辅助肌群：前锯肌

高尔夫训练要点讲解

　　球洞间距较远时，你的第二杆必须使用长杆且击球要有力，才能接近果岭。这要求你提高身体移动的准确性，同时增强发力的能力。侧平板旋转练习不仅训练协助保持骨盆和躯干稳定的肌肉，而且还能增加肩部的力量。这将提升你的能力，实现杆头滞后，从而增加杆头的运动速度。随着球杆长度以及挥杆速度的增加，保持技巧正确所需的力量也就越大。进行此项练习时，重点利用斜方肌和肩部肌肉来完成运动。这项练习注重移动的准确性。这将训练肌肉从而进行有效挥杆。

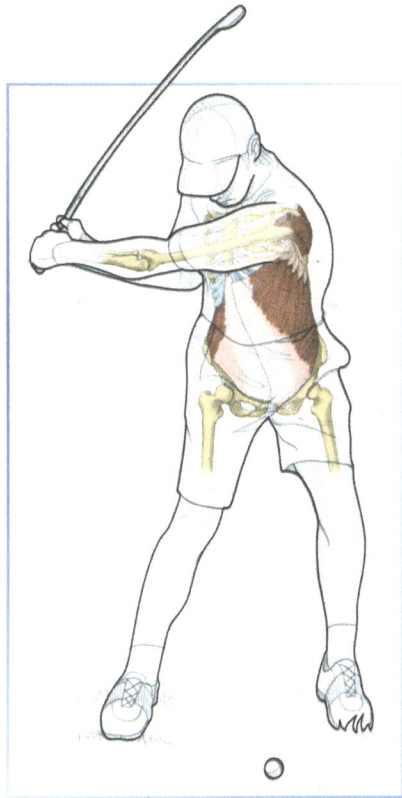

收肌平板练习

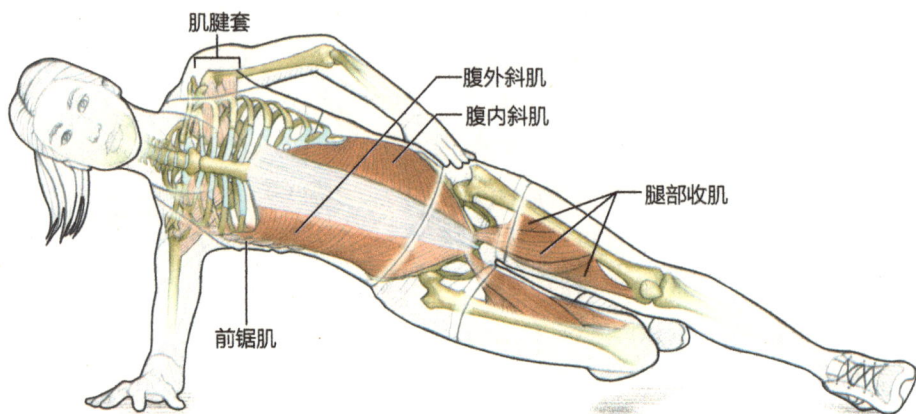

肌腱套

腹外斜肌

腹内斜肌

腿部收肌

前锯肌

训练步骤

1. 侧躺于右侧，左脚伸直，右腿向后弯曲 90 度。

2. 使用右前臂及左脚抬起身体，脚、膝、臀部和肩部呈一条直线。抬起右腿离地。

3. 尽量长时保持这个姿势，但臀部和躯干不得下坠，骨盆不能后转，腰部也不能弯曲。

4. 重复 3 ~ 5 次。然后，换另一侧重复上述练习。

涉及的肌肉

主要肌群：腿部收肌、腹内斜肌、腹外斜肌

辅助肌群：前锯肌、肌腱套

高尔夫训练要点讲解

　　下挥杆的第一部分非常重要，决定了杆头是否可以回归正确姿势进行击球。使用手臂或躯干发力可能导致很多不同的挥杆错误。高尔夫球员这样做有两个原因，一是挥杆技术差，二是力量不足，下体肌肉控制不到位。要启动下挥杆，应该使用腿部肌肉，先是向前腿施压。第一个压力让下体处于一个最佳状态，接着依次进行臀部、骨盆和躯干的旋转，这样可以实现正确的挥杆顺序。收肌平板练习可训练腿部和躯干中的肌肉，这些肌肉既能创造这种压力，又能为身体旋转提供一个稳定的环境。

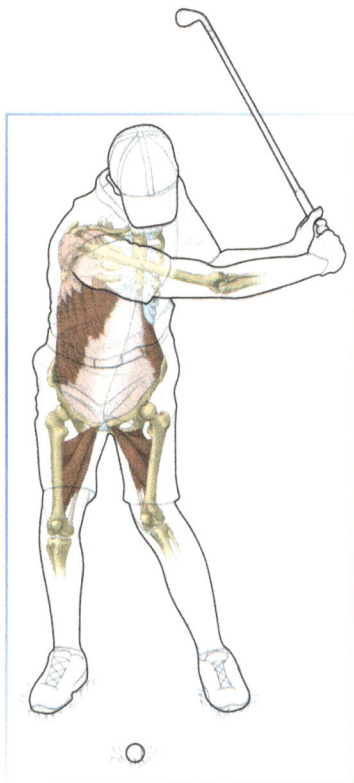

变体形式

站立剪刀式练习

　　两腿分开与肩同宽，站立于下拉绳索拉力器的右侧。将连接绳套在左脚踝上。右腿直立，缓慢地尽力将左腿提至右腿之前。重复数次，换另一只腿重复上述动作。

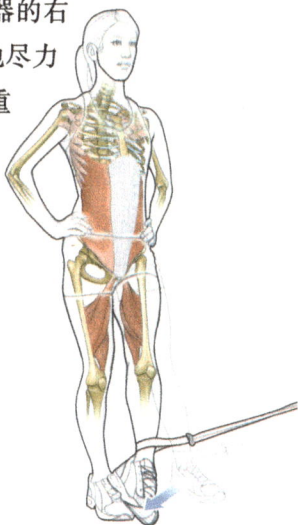

俯卧剪刀式扭曲练习

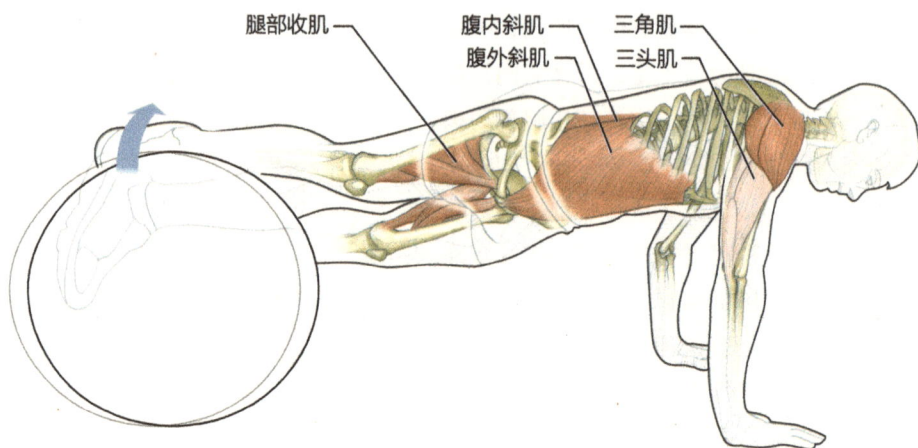

腿部收肌　　腹内斜肌　　三角肌
　　　　　　腹外斜肌　　三头肌

训练步骤

1. 摆出俯卧撑的姿势，两腿夹住弹力球，位于球体中部。
2. 利用身体躯干，保持脊椎不受力，缓缓充分地向左转动球体，背部不能弓起。
3. 缓慢恢复至起始姿势，换另一侧重复上述练习。

涉及的肌肉

主要肌群： 腹外斜肌、腹内斜肌、腿部收肌、三角肌

辅助肌群： 三头肌、腰方肌

高尔夫训练要点讲解

　　为了实现高速挥杆，很多球员都试图使用大肌肉猛力挥杆。这样做无疑会造成击球效果不佳，球体飞行距离较短。要想打得准、打得远，必须用对肌肉，把握时机和顺序。在球道上遇到需要使用长杆的情况时，你不能让上体主导挥杆，这一点很重要。腿部必须稳固，从地面发力。接着，骨盆和躯干必须相互分离，发出和转移更多的力量。这一步往往被忽略了，因为球员们试图使用上体的力量完成高尔夫球动作。这项练习可帮助你增强肌肉，这些肌肉不仅可以发起一些强劲的运动，而且还能促进身体的稳定性，从而使能量可以在适当的时机传递给上体。

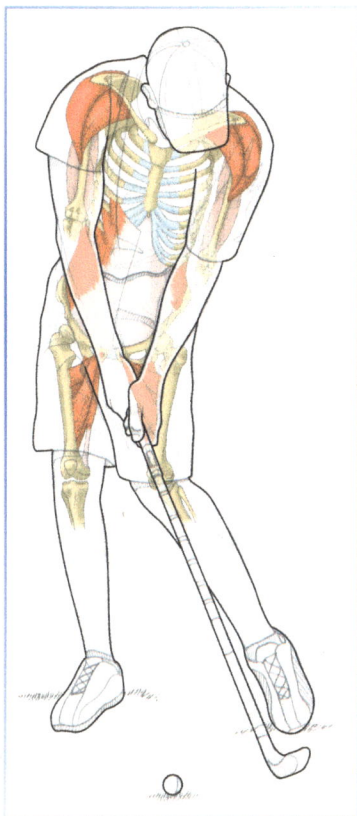

变体形式

仰卧腹斜肌扭曲练习

　　俯卧剪刀式扭曲练习做好不容易。如果你进行这项练习有困难，可使用该变体形式，训练相同的肌肉。进行这项变体形式时，背部上侧靠地面。手背压着地面，帮助保持背部平衡。使用腹斜肌发力和控制运动。量力而为，躯干不要过于离开地面。

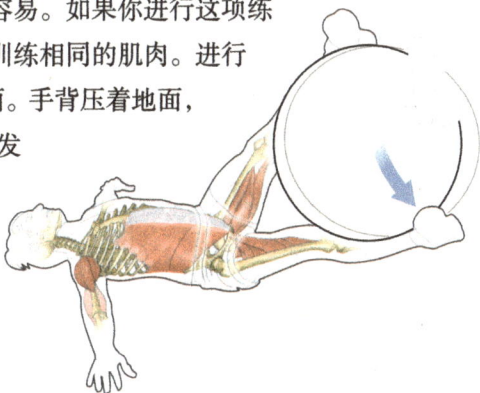

第4章

利用平衡性和意识能力实现基础稳固

不进行任何健身训练的高尔夫球员，数量之多让人吃惊。即使有些人进行训练，训练的内容也是少之又少，而且与他们所进行的高尔夫运动可谓风马牛不相及。能将平衡练习纳入到常规训练之中的球员非常少，甚至很少有高尔夫球员能够想到在训练中重视身体的平衡性。但是，如果我们分析高尔夫球员的动作，往往会发现，哪怕是单腿站立保持身体平衡，对他们来说也是一件困难的事。所以，这些球员又如何能奢望在类似高尔夫挥杆这样强劲的旋转运动中有效地保持身体平衡呢？

不论是业余还是专业高尔夫球员，都知道每次击球的情况不尽相同。与目标的距离、风速、风向、球的位置、草地或沙地的类型、果岭速度等都是球员无法控制的变量。高尔夫运动中最大的一个变量就是球员在准备击球时脚下地面的情况。球位低于或高于球员脚的站位，球员可能一只脚高一只脚低，地面可能很滑，球员在准备击球时所需站立的位置与球体的距离也许比较尴尬。其中任何一个变量都要求身体进行相应的调节，而且必须在高速运动中以一种微妙的方式进行调节。机械运动中出现丝毫的瑕疵所造成的结果都可能与球员预想的目标大相径庭。通过提高身体的有效平衡性，训练身体快速适应这些环境的变化，就会让击球动作变得更连贯，而且能够应付难度更大的击球。

"平衡"一词是一种俗称，指的是身体保持重心不超出支撑基础范围而进行的几套运动过程。维持平衡花费的力气越少，你的平衡性就越佳。你保持平衡的能力取决于身体解密各种感知信息并将其快速有效地传递给肌肉和关节的能力。这个过程虽然听起来很复杂，其实是我们从来都不必思考，因为我们每天都在做着这样的事情。最显而易见的例子就是人的行走。我们在走路时，并没有思考哪些肌肉应该收缩，以及它们按照什么顺序收缩。一切就这么发生了。我们之所以能够不假思索地行走，原因就是我们的身体已经学会如何下意识地去这样做了。如果你必须思考身体的每个动作，每块肌肉都必须正确发挥作用，你能够想象行走是一件多么困难的事吗？然而，许多高尔夫球员却恰恰是这样处理他们的挥杆动作的。你想得越多，越想控制挥杆的方方面面，挥杆的质量就越糟。整个挥杆动作只有短短几秒，在如此短的时间内对运动进行分析和处理是不可能的。为此，下意识的平衡能力越强越好。

　　身体意识，或称为本体意识，指的是你感知身体在某个特定时间所处空间位置的能力。这种能力极为重要，因为高尔夫的挥杆动作中出现了各种重心转移、旋转力量以及能量的转移。球员应该掌握的一项非常重要的技能就是正确匹配现实与感觉。这指的是挥杆过程中球员对于身体和球杆位置的感知应该与它们的实际位置相同。这样可以提高高尔夫球课程的教学效率，也可以让学习新技巧变得更加简单。提高本体意识不仅可以增加自身的控制能力，而且还可以让你感知整个挥杆过程中球杆的位置。

　　高尔夫的挥杆动作速度很快，所以其身体的各种反应过程必须比常人更快，效率更高。平衡和本体意识能力必须要强，才能培养可重复、流畅且实用的挥杆动作（图 4.1）。在挥杆过程中从下挥杆开始，随着重量转移至前腿，腿部的压力传感器检测到重心移动。这样，身体开始向负责稳定和移动的肌肉发送信息，最终实现身体的平衡。如果任何信息出现发送延误或错误的情况，身体就不能按照正确的顺

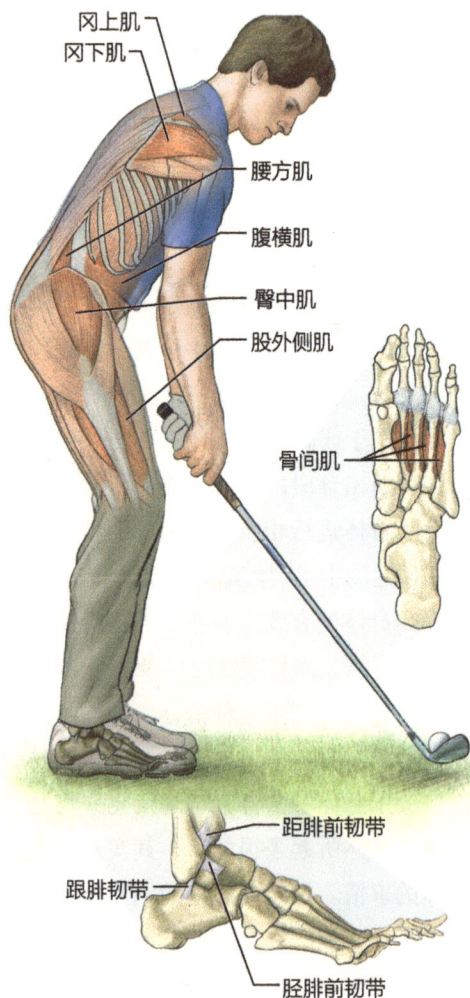

冈上肌
冈下肌
腰方肌
腹横肌
臀中肌
股外侧肌
骨间肌

距腓前韧带
跟腓韧带
胫腓前韧带

图 4.1　平衡是一个过程，即高尔夫球员保持身体重心不脱离基础支撑范围。这是保持身体躯干和脚部平衡的主要肌群

序利用正确的肌肉。出现这种情况时，高尔夫球员必须依靠双手来弥补挥杆过程中身体控制方面的不足。最终的结果是击球动作严重缺乏连贯性。这种信息沟通不畅不仅限制了球员击球潜力的发挥，而且还可能造成肌肉和关节位置摆放错误，增加受伤的风险。事实上，击球质量下降，身体出现长期疼痛，这些往往就是平衡和本体意识能力不足造成的。

　　本章中的大部分练习都包括使用单腿进行移动或保持静止姿势。这是训练身体平衡和本体意识系统的最佳方法。随着本章内容的不断深入，讲解的练习难度也会增加，要求球员不仅仍要保持一个稳定的支撑基础，同时还增加了移动和发力练习内容。这正是你挥杆所需的。刚开始进行这项练习时，你也许会发现要花很多精力才能保持身体平衡。随着能力的提升，你会发现有些练习变得很简单。事实上，在健身训练中融入有针对性的平衡练习后，在短短数日之内往往就能见到成效，短短数周就可能取得重大进步。另一方面，肌肉力量、速度和灵活性要进行更长时间的锻炼才能看到进步。但是，改善平衡和身体意识能力可以大大增加这些方面训练的效果。

　　除非另行说明，否则本章中的所有练习一律重复 8 ~ 15 次。对于平衡和本体意识练习，你会发现主要的困难往往在于保持重心。对于这些练习，要尝试重复 15 次。但是，其他练习可训练平衡和体力。这些练习重复 8 次就够了。每个练习做 3 组。如果需要使用哑铃，应正确选择哑铃的重量，确保可以完成 3 组、每组 15 次的练习。掌握了这项练习后，就可以立即增加哑铃的重量，练习仍然分 3 组完成，但每组只要完成 8 次。

单腿滚动练习

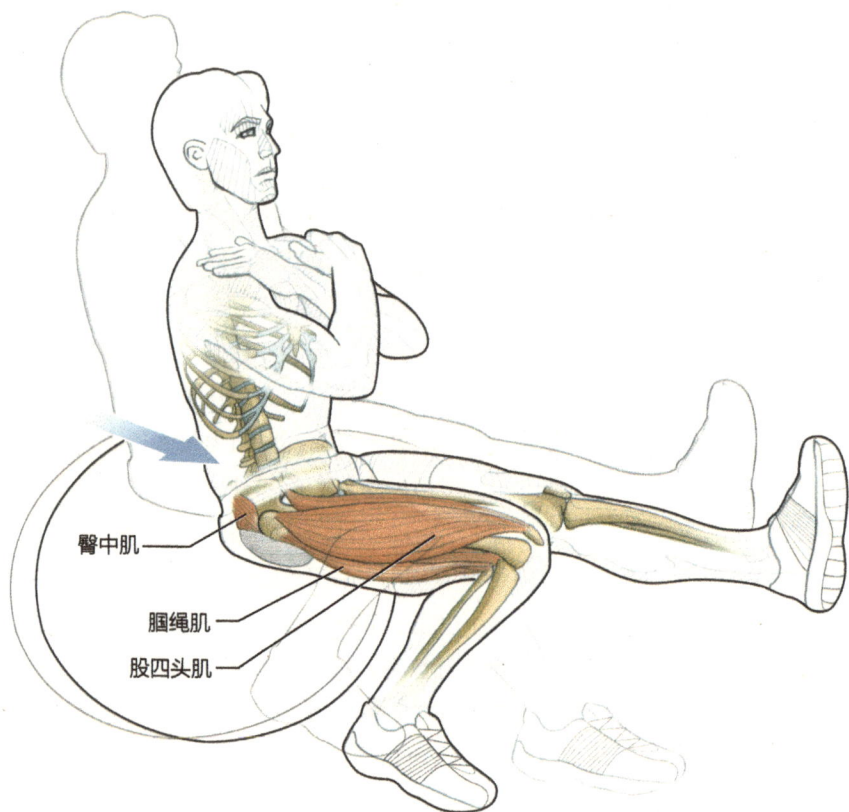

臀中肌

腘绳肌

股四头肌

训练步骤

1. 坐于弹力球之上，左腿与地面平行，右腿着地置于体前。

2. 保持右脚、右膝和右臀对齐，使用右脚让身体在球上向前滚动。

3. 向后滚动至起始姿势。重复数次，换另一只脚，重复上述动作。

涉及的肌肉

主要肌群： 臀中肌、腘绳肌、股四头肌

辅助肌群： 臀收肌

高尔夫训练要点讲解

　　对于很多高尔夫球员来说，非常困难的一件事就是将现实和感觉之间匹配起来。这指的是在挥杆过程中对于身体和球杆位置的感知与它们的实际位置之间进行匹配。单腿滚动练习是一项非常好的起步练习，帮助你实现下体的身体感知。它的难点不仅仅在于要训练腿部的肌肉，而且在于让你的身体更好地感知运动中身体的位置。改善后者将帮助你利用肌肉更好地控制细微的运动，加快反应时间。要让身体做到在高尔夫高速挥杆过程中保持正确的姿势，既需要腿部肌肉的力量，又需要良好的身体感知能力。

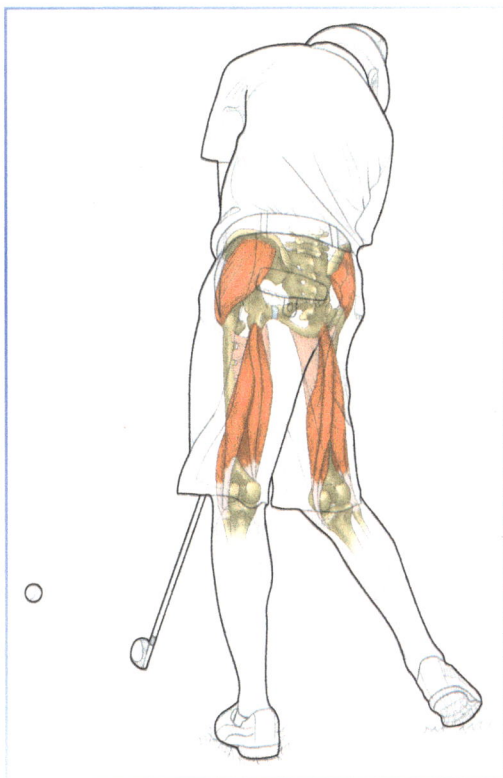

变体形式

闭眼单腿前后滚动练习

　　闭着眼睛完成同样的练习，难度会更大。眼睛是身体获取平衡信息的最重要的来源。不用眼睛，要保持平衡，腿和肌肉必须花费更大的力气。

单腿飞机式练习

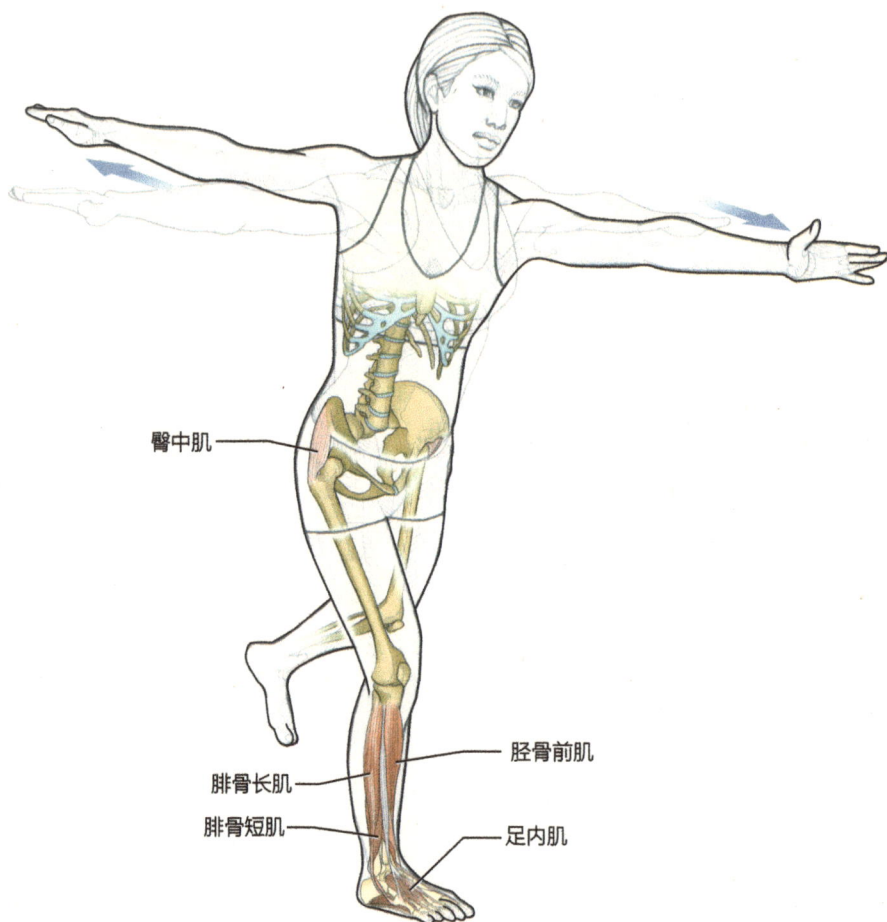

臀中肌

腓骨长肌

腓骨短肌

胫骨前肌

足内肌

训练步骤

1. 右脚站立，左脚离地收于体后。
2. 移动手臂，与身体形成 T 形，弯曲腰部做挥杆准备状。
3. 保持右脚、右膝和右臀对齐，转动躯干，先左后右。
4. 保持手臂 T 形不变，随躯干转动。
5. 重复数次，换腿重复上述动作。

涉及的肌肉

主要肌群： 足内肌、胫骨前肌、腓骨长肌、腓骨短肌

辅助肌群： 胫骨后肌、臀中肌

高尔夫训练要点讲解

　　很多高尔夫球员无法实现连贯且充分的击球，两个主要原因就是臀部的摆动和滑动。如果你不能进行臀部的旋转，那么很可能出现摆动（后挥杆过程中向后侧运动）或滑动（下挥杆过程中向前侧运动）。在挥杆过程中有一个因素可能限制你进行正确的臀部转动，那就是平衡能力不足。这种情况造成挥杆过程中很难保持正确的挥杆路径，从而难以恢复杆面正确的击球姿势。同时，也会减少身体在击球前向球杆转移的潜能。单腿飞机式练习是一项很有效的练习，能同时训练移动性和平衡性。这项练习可帮助你适应保持单脚牢牢固定在地面时进行腰部的单独转动。

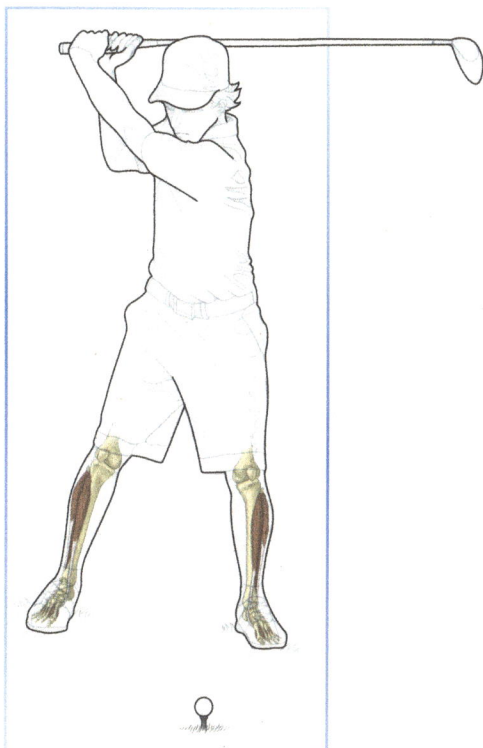

变体形式

单腿高尔夫挥杆练习

　　通过单腿挥杆，将练习直接嫁接于高尔夫运动。训练的肌肉相同，但是挥杆的难度增加了。用很慢的速度练习挥杆，重点放在始终保持正确的姿势和平衡。

手握脚趾的变体形式练习

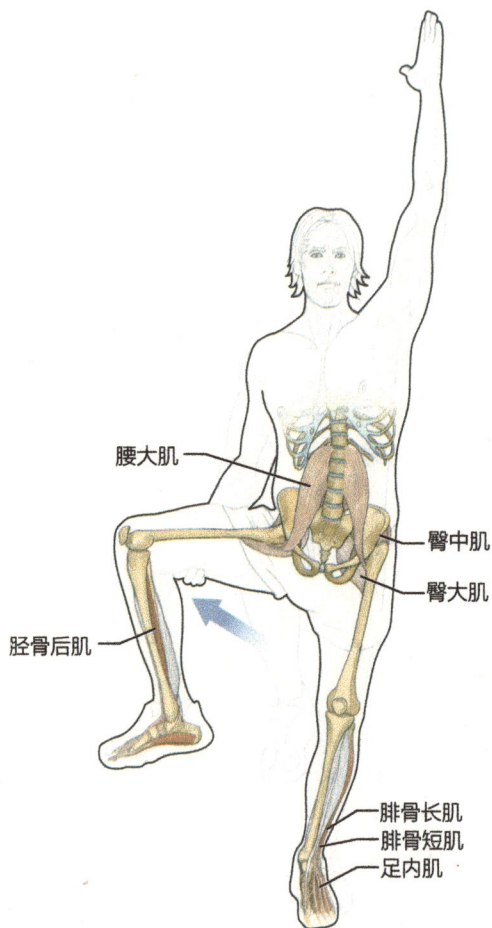

腰大肌

臀中肌

臀大肌

胫骨后肌

腓骨长肌
腓骨短肌
足内肌

训练步骤

1. 双腿并拢站立，左手伸向天空。

2. 抬起右膝，将右手置于大腿外侧下方。

3. 身体直立，将右膝提至与臀同高，呼吸 3 ~ 5 次。

4. 将腿移至侧方，保持姿势，呼吸 3 ~ 5 次。

5. 换左腿重复上述动作。

涉及的肌肉

主要肌群： 足内肌、腓骨长肌、腓骨短肌、胫骨后肌

辅助肌群： 臀中肌、臀大肌、腰大肌

高尔夫训练要点讲解

　　高尔夫球员不论水平高低，都欣赏动作优雅且高效的击球，即身体保持充分平衡，结束动作如同准备动作一样轻松、洒脱。这项练习是手握脚趾瑜伽姿势（手握脚趾，抬腿伸直）的简化版。该简化姿势训练身体的平衡能力，锻炼支撑腿的肌肉，拉伸抬起的那条腿的臀部和大腿内侧。这是一个不错的入门练习，能够帮助高尔夫球员对于他们在静止状态下保持平衡的能力有一个基本的认识。当你能够轻易地完成这项练习时，可以尝试它的变体形式，进而学习本章提供的难度更大的练习。

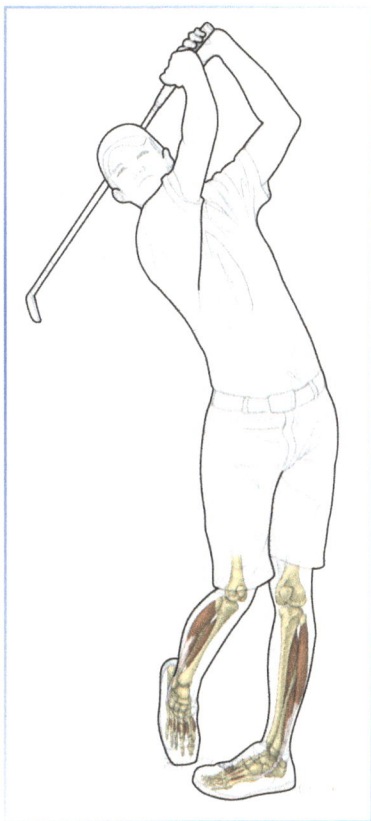

变体形式

手握脚趾姿势

　　手握脚趾姿势难度增大，原因有二。一是，它要求抬起的那条腿中的小腿肚、腘绳肌、腿部和骨盆具备更大的灵活性。二是，由于移动的身体部位偏离身体中心，且比重增加，从而要求起支撑作用的那条腿具备更好的平衡能力。完成这项练习，要先抬腿，用手抓住该腿的脚趾，接着将腿移向侧面，同时尝试将腿伸直。当你能够轻易地完成这项练习时，可以尝试闭上眼睛完成上述两种练习。

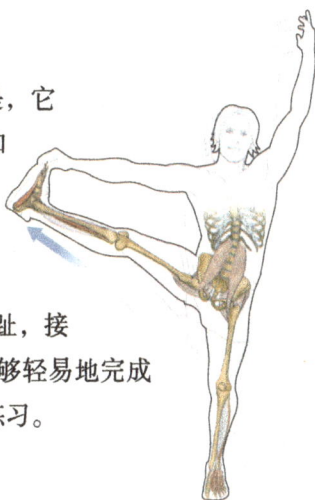

单腿接球练习

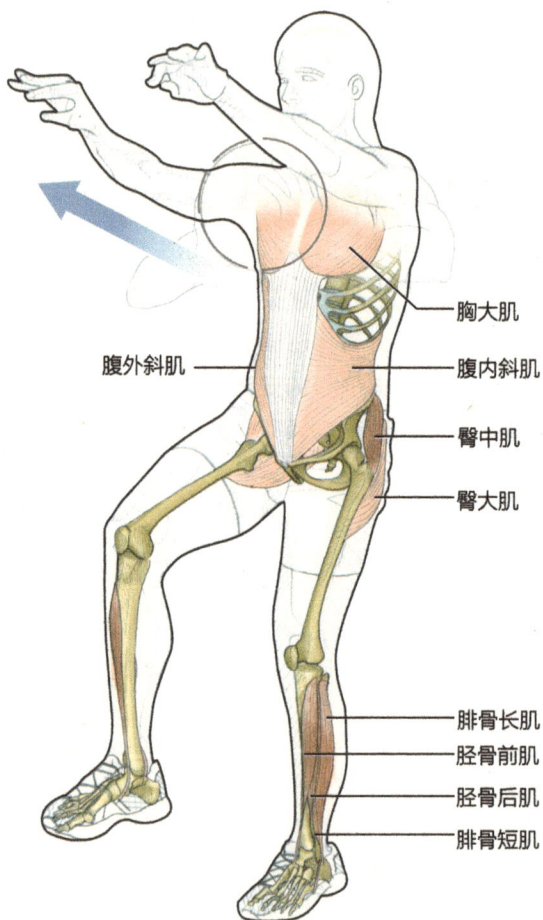

胸大肌

腹外斜肌

腹内斜肌

臀中肌

臀大肌

腓骨长肌

胫骨前肌

胫骨后肌

腓骨短肌

训练步骤

1. 左腿站立，脚趾向前；右膝弯曲，右腿离地。
2. 双手将实心球抱于胸前。
3. 保持直立姿势，将球从胸前抛给同伴。
4. 保持运动姿势，左臀和左膝微弯，双手接回传球。
5. 重复数次，换另一只腿重复上述动作。

涉及的肌肉

主要肌群： 胫骨前肌、胫骨后肌、腓骨长肌、腓骨短肌、臀中肌

辅助肌群： 腹外斜肌、腹内斜肌、臀大肌、胸大肌

高尔夫训练要点讲解

在挥杆过程中比较容易的环节上，保持身体的平衡可能较为简单。但是，当我们需要完成整个挥杆过程，而且使用高速运动来击球时，保持平衡的难度就会大大增加。这个练习将帮助腿部学习当上体发力时如何有效保持身体平衡。当你能够轻易地完成这项练习时，可以使用多种方法改变练习的组合。如果你与同伴一起练习，让同伴站在距离你较远的地方，将实心球用较快的速度扔给你。同伴还可以改变每次扔球的方向，不必总是扔向你的胸部（比如，头顶上方，身体的两侧等，从而迫使你每次都要伸手接球）。这样将会真正教会身体如何有效保持平衡。随着练习难度的增加，你将会提高能力，做好那些既需要力量又需要平衡能力的击球。

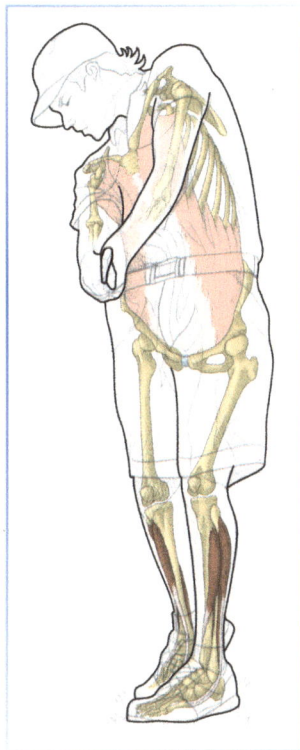

变体形式

单腿对墙抛接练习

如果你单独练习，可选择有弹力的实心球扔向墙体，令其反弹。你距离墙体越远，扔球的力量必须越大才能让球弹回。

鹳式转体练习

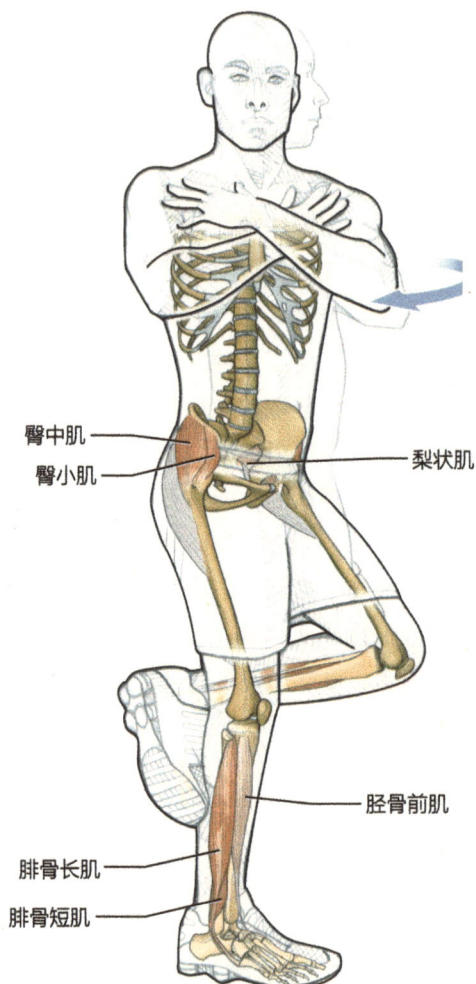

臀中肌
臀小肌
梨状肌
胫骨前肌
腓骨长肌
腓骨短肌

训练步骤

1. 右脚站立，膝部微弯，将左腿锁于右膝后。

2. 做好高尔夫击球准备姿势，交叉双臂于胸前。

3. 尝试将上体与骨盆保持对齐，左右旋转骨盆。

4. 换左脚站立，重复上述动作。

涉及的肌肉

主要肌群： 腓骨长肌、腓骨短肌、臀中肌、臀小肌

辅助肌群： 胫骨前肌、胫骨后肌、梨状肌

高尔夫训练要点讲解

在高尔夫运动中能够实现上下体间的分离是非常重要的。然而，你在试图实现分离最大化时，还要能够保持身体的充分平衡。你如果希望骨盆的运动更加自由、可控，就要提高身体的平衡能力。鹳式转体练习将继续提高骨盆的运动能力，以及骨盆和躯干的分离能力，同时提高身体的平衡能力。它能帮助你正确分离上下体，同时保持身体下方根基牢固，从而为进行充分的后挥杆运动打下更坚实的基础。这是一项必要的准备工作，确保下挥杆路径正确且充满潜在能量。

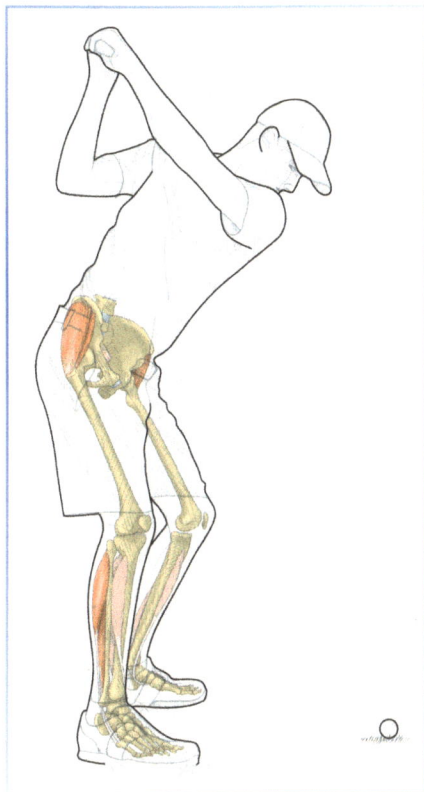

变体形式

抱实心球进行鹳式转体练习

抱实心球于体前将增加肌肉练习的强度，同时还能练习三角肌、腹外斜肌和腹内斜肌。这种练习实际上迫使你一方面增强负责稳定腿部和躯干的肌肉，另一方面增强负责骨盆和臀部转动的肌肉。

鹳式转弓式练习

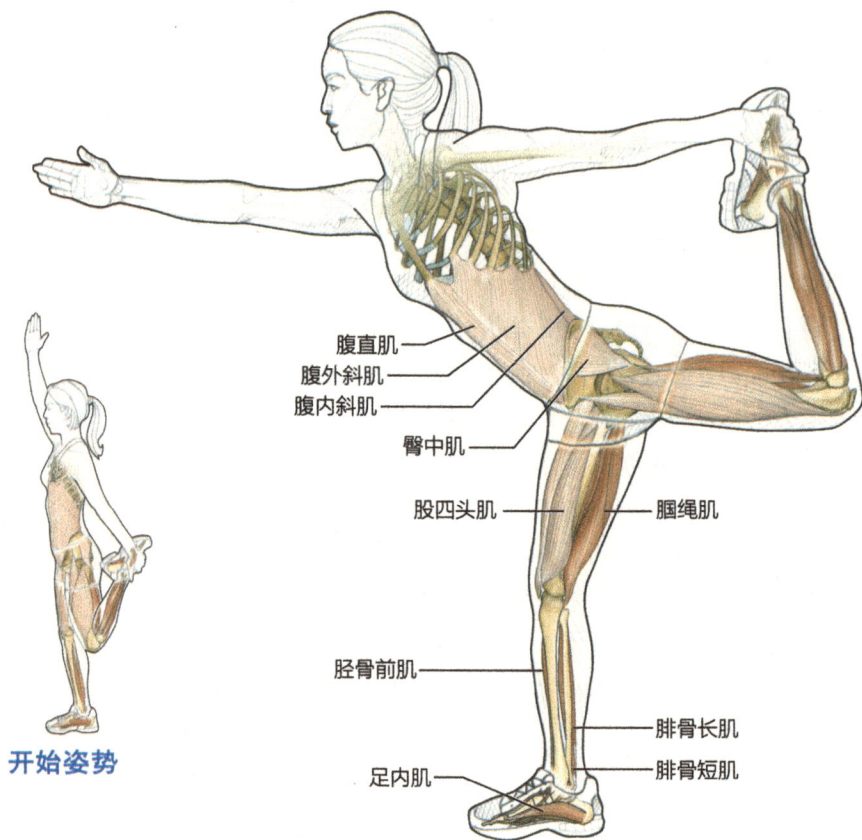

腹直肌
腹外斜肌
腹内斜肌
臀中肌
股四头肌
腘绳肌
胫骨前肌
腓骨长肌
腓骨短肌
足内肌

开始姿势

训练步骤

1. 两腿并拢站立。

2. 屈左膝，左手抓住左脚踝。

3. 举右臂，指向天花板，这是鹳式。

4. 向前弯腰，直至身体与地面几乎平行。这是弓式。

5. 每个姿势保持不变，呼吸 3 ~ 5 次。

6. 重复整个动作 3 ~ 5 次，换另一只腿练习。

涉及的肌肉

主要肌群：腓骨长肌、腓骨短肌、足内肌、胫骨前肌、腘绳肌

辅助肌群：股四头肌、臀中肌、腹直肌、腹外斜肌、腹内斜肌

高尔夫训练要点讲解

　　高尔夫这项运动，一方面因其难度大且球体跳跃不定而让人苦恼，另一方面如果我们能够出色地进行补救、减少杆数，克服这些困难及弹跳不利的影响，它却又能给我们带来成就感。对于任何一个高尔夫球员来说，最懊恼的一种情况就是，明明确信球会留在球场上，结果球却滚进了球道沙坑中，造成击球困难。球体位于脚下 1.5 英尺（约 0.45 米），要求球员具备良好的平衡和稳定能力。鹳式转为弓式的练习有助于提高身体的平衡性、灵活性和稳定性，从而帮助你更加从容地面对这些难度较大的击球。

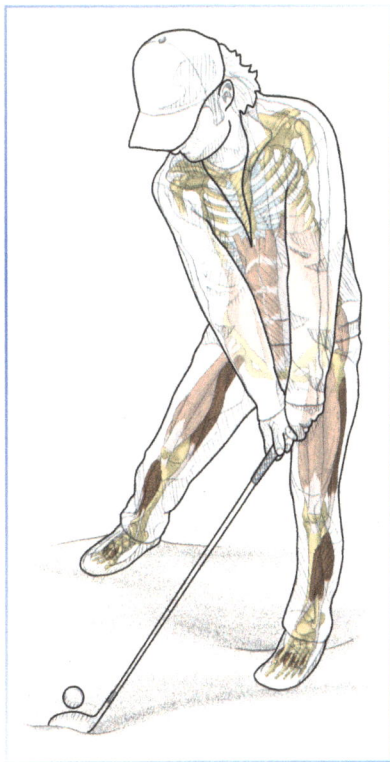

变体形式

鹳式转弓式闭眼练习

　　要再增加练习的难度，那就闭上眼睛，进行鹳式与弓式转换练习（一定要确保周围没有任何锋利的物体，以免发生撞击）。闭上眼睛，我们更加需要腿部肌肉和韧带为我们提供所需的信息，改善身体的平衡和稳定能力。

弹力球上直腿抬体练习

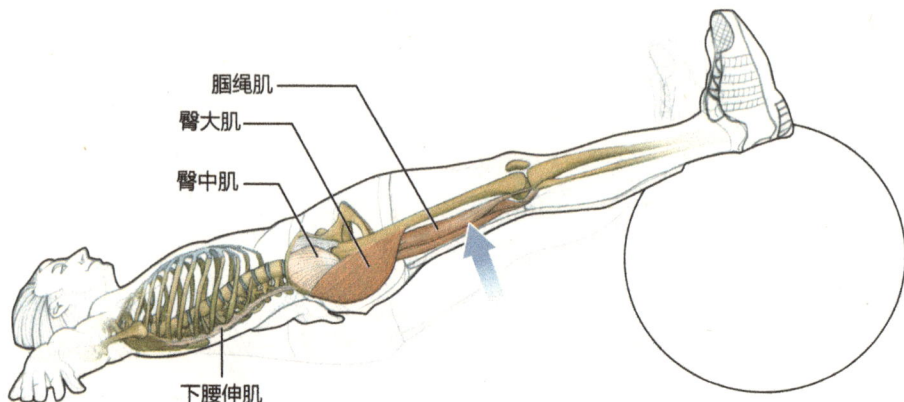

腘绳肌

臀大肌

臀中肌

下腰伸肌

训练步骤

1. 躺下，两腿伸直，脚后跟置于弹力球的顶部。
2. 收臀肌提臀，用脚跟下压球体。
3. 缓慢放下身体，恢复起始姿势。
4. 上述动作重复数次。

涉及的肌肉

主要肌群： 腘绳肌、臀大肌

辅助肌群： 臀中肌、下腰伸肌

高尔夫训练要点讲解

高尔夫界已经开始认识到在击球时将身体重心转移至前腿的重要性。这种堆栈和倾斜方法，实际上从后挥杆开始直至后挥杆结束都在不断地增加前腿承受的身体重量。击球时身体的重心移至前腿，使得球员可以向地面发力，使骨盆产生向上的爆发力，形成巨大的力量并将力量通过身体传递给球体。利用股后肌群和臀部的大肌肉进行骨盆伸展的能力是实现身体重心移至前腿的一个重要方面。保持腿部、骨盆和脊椎的平衡和协调，与具备伸展骨盆的能力同样重要。直腿伸展变体形式是一项不错的入门练习，可以提高骨盆的伸展能力，以及腿部、脊椎和骨盆的协调与控制能力。

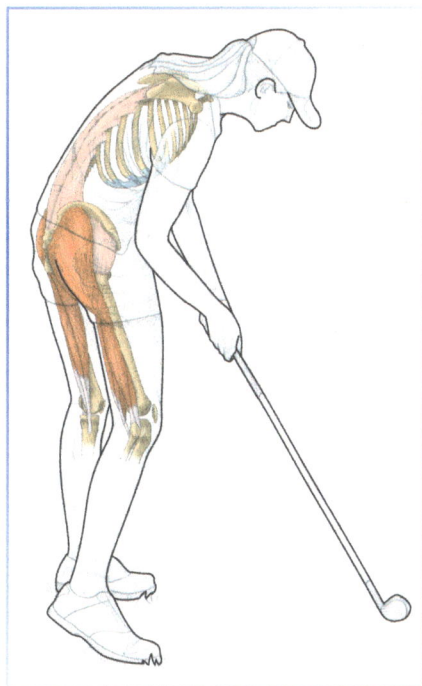

变体形式

利用楼梯、平台或椅子进行直腿伸展练习

如果你没有弹力球，或是运动练习的新手，使用弹力球时球体总是滚开，难以完成此项练习，这时可以将脚后跟放在楼梯、平台或椅子上进行同样的运动。这样做，一方面可以降低身体平衡的难度，另一方面也可以加强该练习中主要运动肌肉的力量。

使用弹力球进行抬腿伸展练习

要增加该练习的难度，尝试抬起双臂置于胸部正上方，伸向天花板。这个动作将减少身体的支撑基础，增加骨盆和脊椎中负责身体稳定的肌肉的使用。这对于增加该练习中的功能性训练是一个很好的方法。

利用弹力球进行腘绳肌卷曲练习

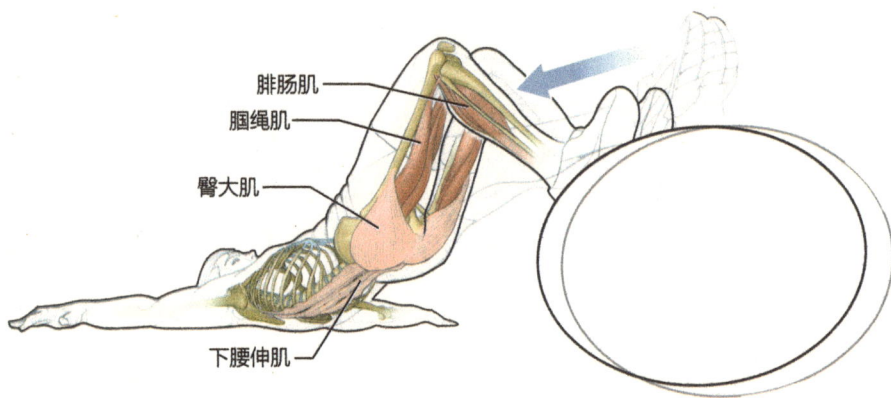

腓肠肌

腘绳肌

臀大肌

下腰伸肌

训练步骤

1. 躺下，两腿伸直，将脚跟置于弹力球的顶部。
2. 脚跟向下压球，提臀。
3. 保持提臀姿势，屈膝将球滚向臀部。
4. 再次伸直双腿，重复上述动作。

涉及的肌肉

主要肌群： 腘绳肌、腓肠肌

辅助肌群： 臀大肌、下腰伸肌

高尔夫训练要点讲解

一流的专业高尔夫球员与普通的业余球员之间的一个最大区别就在于整个挥杆过程中腿部的协调和移动能力。许多业余球员在后挥杆时前腿膝部向内弯折，造成下挥杆时难以向前腿发力。出现这种情况，球员在击球时就会拖拉，从而导致传给球体的能量传输效率低下，球体飞行方向控制不佳。换句话说，腿部移动不灵活，造成击球力量减少、准确性降低。弹力球上卷曲腘绳肌是一项很有效的练习，帮助我们学习如何协调使用双腿，同时还能锻炼腿部后侧一连串的肌肉（小腿肚、腘绳肌、臀肌和下腰伸肌）。当你能够轻松地完成这项练习时，可以尝试它的变体形式，增加训练难度，增强这些肌肉的力量。这些练习能够有效地培养腿部的正确移动，以及增强臀伸肌的力量。

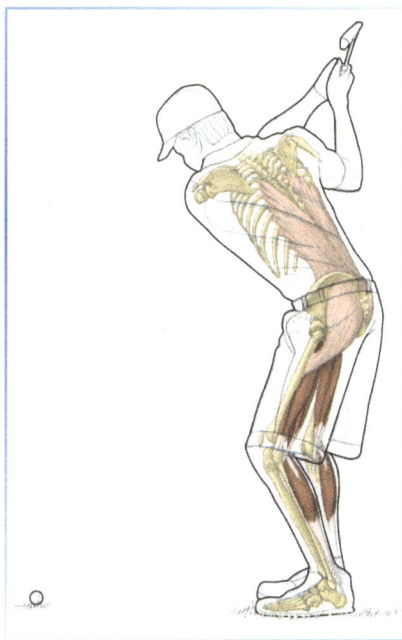

变体形式

利用弹力球进行腘绳肌卷曲不稳定练习

要提高该练习的难度，尝试抬起双臂置于胸部正上方，伸向天花板。这个动作将减少身体的支撑基础，增加骨盆和脊椎中负责身体稳定的肌肉的使用。这个方法能够有效增加该练习中的功能性训练以及训练的难度。

弹力球上单腿腘绳肌弯曲练习

当你可以非常轻松地完成上面的练习时，可尝试使用一条腿踩弹力球，将另一条腿稍稍抬起悬在空中。这种姿势将大大增加踩在球体上的那条腿的负重，从而迫使保持骨盆和脊椎稳定的肌肉加大发力保持骨盆水平，不使其向悬空一侧倾斜。

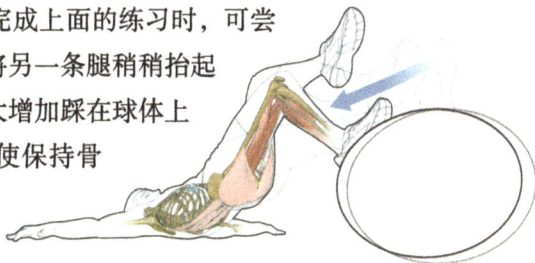

跪于博苏球上投掷实心球练习

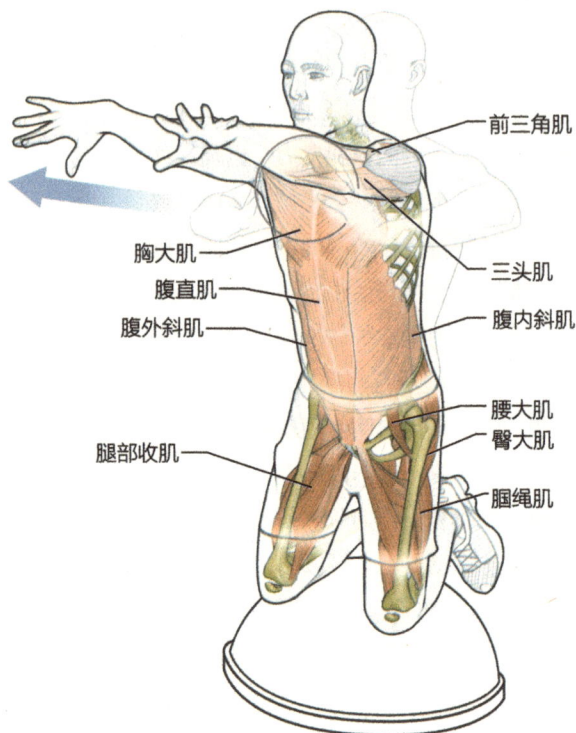

前三角肌

胸大肌
腹直肌
腹外斜肌

三头肌

腹内斜肌

腰大肌
臀大肌

腿部收肌

腘绳肌

训练步骤

1. 将博苏球球面朝上放置，跪于其上。
2. 抬起双脚离地。
3. 屈肘抱实心球，与胸同高。
4. 将实心球投掷给站于前方的同伴。
5. 接球，重复上述动作。

涉及的肌肉

主要肌群：腿部收肌、腰大肌、臀大肌、腘绳肌

辅助肌群：胸大肌、前三角肌、三头肌、腹直肌、腹外斜肌、腹内斜肌

高尔夫训练要点讲解

　　每位高尔夫球员都曾经历过这样的困难，即将球打出深草区。大多数的业余球员和许多的专业球员，在试图通过大力挥杆将球打出深草区时都尝试增加一点肌肉发力，却在保持身体平衡方面遇到了困难。他们往往过早地改变了身体的姿势，挥杆进入深草时不能稳稳地击中球体。造成这种现象有两个原因，一是身体的稳定能力不足，二是脊椎和骨盆平衡能力和本体意识能力较差。跪于博苏球上投掷实心球可以同时训练平衡能力和稳定能力，为各级水平的球员提供了一个不错的选择。

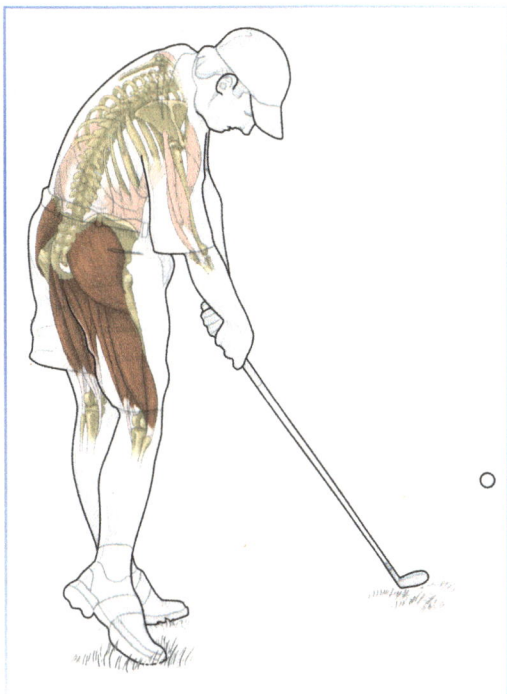

变体形式

跪于弹力球上投掷实心球练习

　　当你通过博苏球练习提高了平衡能力，而且身体的稳定能力和力量也得到了提升，以至于可以轻松完成博苏球练习时，可以尝试使用弹力球来完成相同的练习。这就增加了平衡练习的难度。

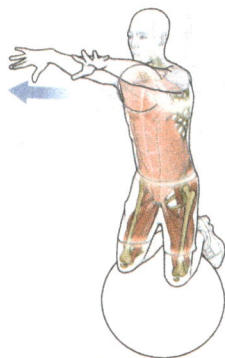

拔河式练习

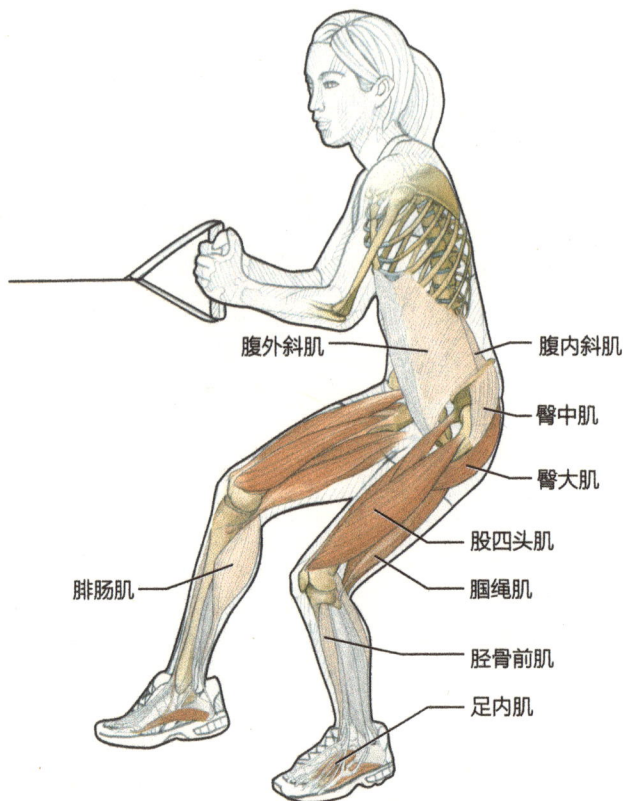

腹外斜肌

腹内斜肌

臀中肌

臀大肌

股四头肌

腘绳肌

胫骨前肌

足内肌

腓肠肌

训练步骤

1. 单腿站立，单手或双手抓住弹力绳的手柄。如果使用单手，将另一只手放于腹部。

2. 让同伴抓住另一个手柄，拉弹力绳试图破坏你单腿站立的姿势。同伴可以单腿也可双腿站立。

3. 重复数次，换另一只腿重复上述练习。

涉及的肌肉

主要肌群： 足内肌、股四头肌、腘绳肌、臀大肌

辅助肌群： 腹内斜肌、腹外斜肌、胫骨前肌、臀中肌、腓肠肌

高尔夫训练要点讲解

　　高尔夫球员从腿部发力，并且具备保持身体稳定、平衡的能力，将这股力量通过身体在击球时传给球体，同时保持身体绝对平衡并进入后续挥杆动作。观看这样球员的挥杆动作会让人感到身心愉悦。年轻球员安东尼·金（Anthony Kim）可以展示这种技巧。腿部平衡能力强，力量大，就能在击球时向前击中球心，并能在挥杆后续过程中充分保持身体平衡。拔河练习为我们提供了一种有趣的方法，既能提高身体的平衡能力，同时又能增加腿部力量。

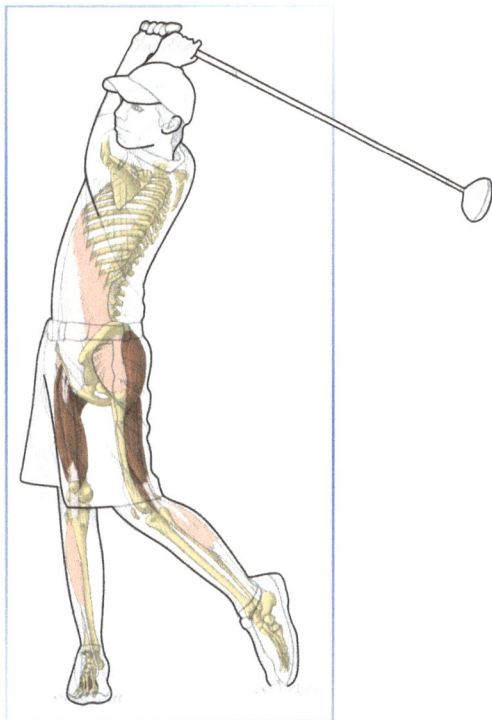

变体形式

闭眼拔河练习

　　为了增加平衡练习的难度，同时真正练习腿部和脚踝的肌肉与韧带，尝试闭上眼睛完成此项练习。但是要确保同伴拉绳时不要用力过猛。闭上眼睛并在各个不确定的方向上保持身体稳定，可对腿部的感知肌肉造成巨大的压力。这有助于更快地增强肌肉，从而在球场上取得更好的成绩。

单足踩在博苏球上拔河练习

　　当你的平衡能力和力量已经提升到一个较高的水平，能够轻易地完成拔河练习，可尝试站在博苏球的水平一面上进行同样的练习。这样会造成我们赖以保持身体平衡的支撑平台出现不稳定的情况，让腿部的小肌肉承担更大的责任；为了实现身体平衡，它们需要快速提供准确的信息，如腿部承受身体重量的部位、需要稳定哪块肌肉。

抬膝反向弓步练习

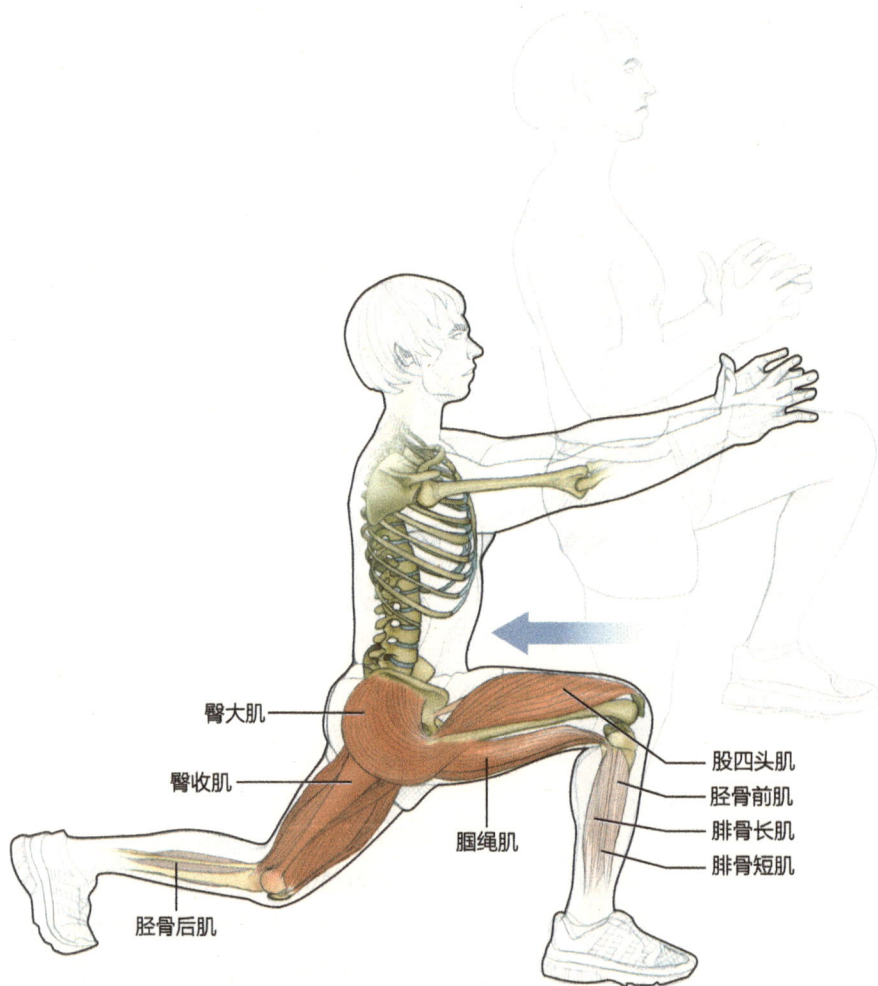

臀大肌

臀收肌

股四头肌

胫骨前肌

腓骨长肌

腓骨短肌

腘绳肌

胫骨后肌

训练步骤

1. 右腿单腿站立，屈左膝 90 度，左大腿与地面平行。

2. 向身体后方伸直左腿，脚着地。

3. 将左膝垂直放下，接近地面。

4. 通过右脚跟发力，恢复起始姿势。

5. 完成数次，换另一只脚重复上述练习。

涉及的肌肉

主要肌群： 臀大肌、股四头肌、臀收肌、腘绳肌

辅助肌群： 胫骨前肌、胫骨后肌、腓骨长肌、腓骨短肌

高尔夫训练要点讲解

这项练习很有效，不仅可以训练你的平衡能力，而且还能增加腿部的力量。保持正确的训练姿势是关键，这样才能正确地训练肌肉，达到最佳训练效果。在弓步后蹲以及收腿直立过程中要用前腿的脚跟支撑身体的大部分重量，这让你的臀部肌肉得到最大限度的练习。同时后撤的那只脚只要轻轻触地即可，这迫使你将身体的重心保持在前脚的脚跟上，充分挑战你的平衡能力。抬膝反向弓步练习增加了身体的力量、平衡以及肌肉控制能力。你需要这些能力才能完成对力量要求稍大的击球。

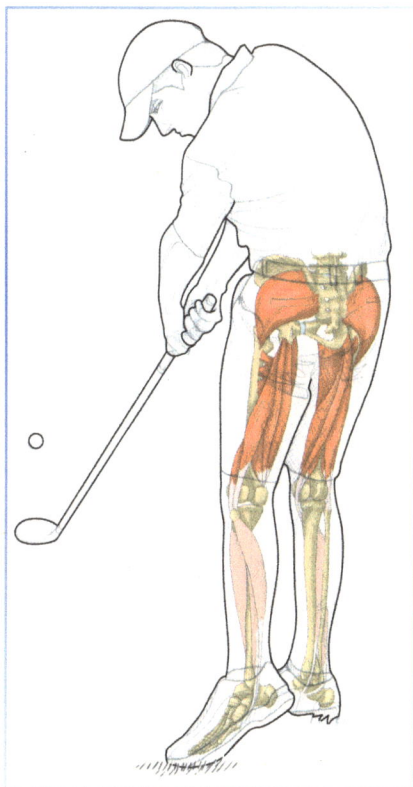

变体形式

行走式抬膝弓步练习

该练习有一个较为简化的版本：只需向前迈步进行弓步练习，继而抬起一条腿，将膝部置于两肺之间，训练身体的平衡能力。简化练习所训练的肌肉不变，但是稍微降低了控制和平衡身体的难度。

第 5 章

增强力量可消除
高尔夫运动造成的疲劳

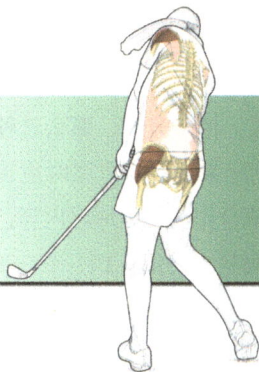

在 高尔夫运动中，我们谈及"力量"一词时，指的是一个复杂且多面性的概念。对于"最强壮"的高尔夫球员的定义，没有一套明确的特征进行界定。我们每天都能在 PGA 巡回赛的拖车上看到众多当今一流球员的身影。他们个人具备的运动技巧多种多样，范围广泛。

但显而易见的是，那些高尔夫运动能力很强的球员，在个人健身方面也有着超越常人的表现。这些方面包括身体平衡能力、身体意识、稳定能力、神经肌肉协调能力、

爆发力与耐力。如果球员在任何一套技能上水平低下，那么挥杆过程中就会充分暴露出由此造成的功能薄弱。

高尔夫球员在健身房中使用健身器材或负重器械进行训练能够获得超过一般人的体力。但是如果他们不能将这种健身房锻炼出来的力气转化到高尔夫球场上，那么他们在健身方面所花的时间就算是白费了。传统健身对于培养高尔夫运动所需的那种强健身体的影响微乎其微。健美运动员关注的是健身运动中能够搬动的物体重量，以及各块肌肉的大小。作为高尔夫球员，你需要切换多个移动平面进行运动，同时还要集中注意力确保依次使用肌肉（完成每个练习，需要按照正确的顺序使用正确的肌肉）。我们不是

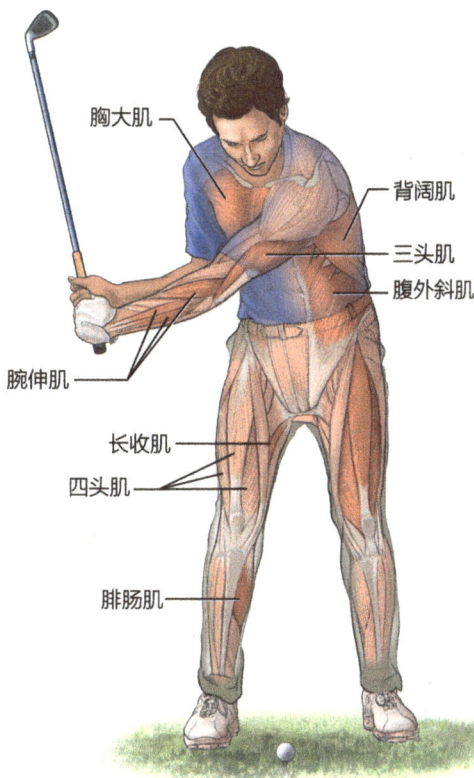

胸大肌
背阔肌
三头肌
腹外斜肌
腕伸肌
长收肌
四头肌
腓肠肌

图 5.1 要实现强大的专项力量，要求各块肌肉在挥杆的整个过程中彼此沟通

说肌肉的力量大小不重要，但是，如果肌肉间不能相互沟通，相互合作，那么这种力量对于高尔夫的挥杆运动就没有用处了。为此，我们在制定常规健身方案时应该加入不仅可以提高单块肌肉的力量，而且还能促进肌肉间协调合作的各项练习内容，这一点非常关键。这就是我们所说的提高实战力量，而非提高蛮力（图5.1）。

要想真正成为强壮的高尔夫球员，在高尔夫挥杆过程中涉及的所有移动范围之内都要保持充沛的力量。任何移动环节中出现薄弱关节都会破坏挥杆动作。使用长凳或传统的训练器材在同一个平面上举起重物极大地限制了你提高身体的专项力量。使用这种方法进行练习时，整个运动范围内根本不需要身体实现和保持平衡。而保持身体平衡的能力正是高尔夫运动所需要的，因此在日常训练中必须大量增加可保持身体平衡能力的练习。这样你会发现通过健身训练获得的力量有助于更好地提高赛场的表现。为此，我们才编写了此章内容，介绍高尔夫运动所需的力量，内容包括各项练习，拓展前面几章介绍的各种运动和概念，并将它们融入功能性更强的运动之中。要进行本章的各项练习，首先必须能够轻易且规范地完成关于保持身体平衡、稳定以及移动能力各章中介绍的各种练习。

很多人认为高尔夫球员不必身体强壮，因为他们不需要跑动、跳跃或将他人击倒。这种观点很可能是由于力量一词一般让人联想到健身房里举起300磅重物的肌肉发达的壮汉。虽然这是一种表现力量的形式，但还有其他形式。我们已经解释了高尔夫球员需要增加专项力量才能达到最佳状态。我们重视力量还有一个重要原因：避免受伤。

一般人绝不会将高尔夫和伤痛两个词联系在一起。然而，正如所有的专业高尔夫球员以及业余球迷所知道的那样，高尔夫球界中的伤痛比比皆是，事实上几乎不可避免。巡回赛级别的伤痛数据令人触目惊心。参加巡回赛的专业球员，几乎半数每年都会经历伤痛，致使他们离开赛场长达数周之久。而比赛的球员之中，又有高达30%的球员实际上是带伤比赛。这一比例非常之高，某一特定年份，哪怕出现一次伤痛也能决定是否可以继续打球。对于参加巡回赛的专业人士，巡回赛参赛卡就是他们的职场入场券。丢了这张卡，就等于丢了工作。对于非职业球员来说，伤痛也许意味着离开球场数月，或者更糟糕的是，决定着是否需要彻底告别高尔夫运动。仅为了这些原因，你就应该提高高尔夫运动所需的力量，这样才能最大限度避免伤痛。

也许大家还是不太明白力量与伤痛之间有何关系。那就让我们来解释一下。首先，高尔夫运动中主要出现两种伤痛，分别是关节伤痛和软组织伤痛（肌肉、肌腱和韧带）。虽然高尔夫运动中不需要搬运或移动重物（球童除外），但是由于挥杆速度很快，形成的力量很大，肌肉和关节不仅帮忙发力，而且还必须形成反力降低运动速度，并最终结束挥杆运动。随着肌肉力量的增强，包括单块肌肉力量和功能性力量，大家经受挥杆过程形成的各种力量的能力也得到了提升。如果大家的肌肉力量不足以发起和控制这些力量，那么伤痛的出现将无可避免。软组织是人体的第一道防护，但是如果这些软组织的力量无法控制挥杆的速度和旋转，关节就开始介入吸收能量。虽然关节可以承受一些压力，但是我们不能依靠它进行加速和减速。这种情况一定会造成受伤，从而无法进行有效的挥杆。因此，增强力量不仅能提高挥杆效率，而且还有助于确保你在挥杆次数方面随心所欲。

通过将本章介绍的各种练习正确地纳入训练计划中，你就能看到挥杆过程中信心和体能的快速提升。此外，它还能帮助你避免由于伤痛浪费时间、减缓球技的提高。随着越来越好地完成这些练习，在球场上你就能更轻松地控制身体。身体的功能变强了，就等于高尔夫的技巧提高了。

以下各项练习重复8～12次。需要阻力绳、绳索拉力器或负重进行的练习，首先从阻力较低的开始，完成3组，每组12次。做到之后，适当增加阻力或重量，确保让你能够顺利完成前11次、费力地完成最后一次。对于仅需要身体自重的练习，开始先完成2～3组，每组8次。能够轻松地完成3组、每组8次的练习后，将每组次数增加至10次。有些练习也许重复的次数有不同的规定，如果出现这种情况，练习介绍中会说明所需完成的组数及每组的次数。

使用弹力绳进行侧向行走练习

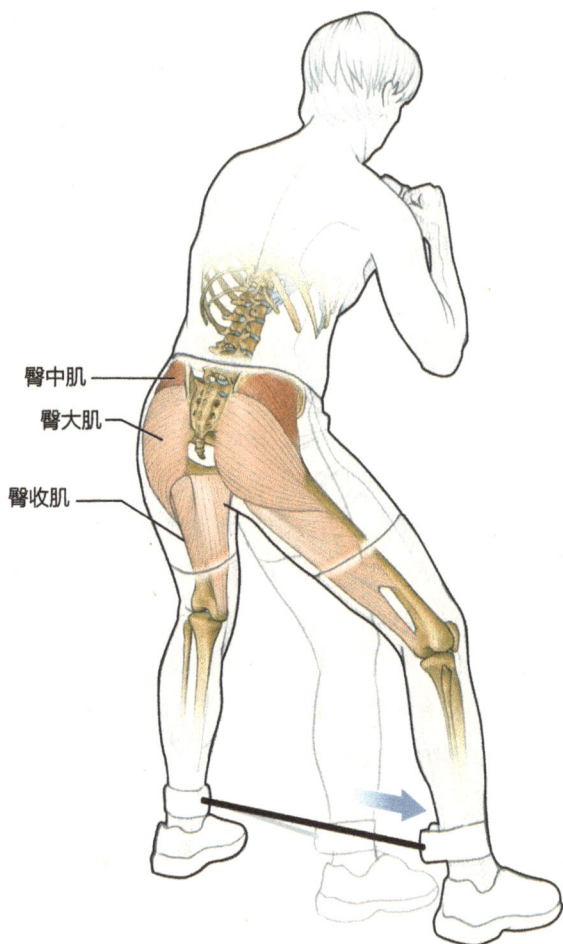

臀中肌

臀大肌

臀收肌

训练步骤

1. 将弹力绳上的脚踝铐分别铐住两个脚踝。
2. 站立，两脚与肩同宽，微屈臀部和膝盖，保持后背挺直，两脚指向正前方。
3. 用力向右侧迈步，保持两脚指向前方，后背挺直。
4. 缓慢将左脚向右侧移动，恢复起始姿势。
5. 重复数次，然后向左移动，恢复至起始位置。

涉及的肌肉

主要肌群： 臀中肌、臀小肌
辅助肌群： 臀大肌、臀收肌

高尔夫训练要点讲解

随着挥杆运动中的线性速度和旋转速度的增加，具备足够的力量经受这些压力很重要。臀部的肌肉不仅要实现臀部的旋转，还要足够强壮，以降低旋转速度并且保持臀部的稳定。这样可以让臀部在后挥杆的过程中不至于向后侧摆动，在下挥杆时不会向前侧摆动。这两种挥杆错误非常常见，很多时候都是由于臀部肌肉缺乏力量所致。这项练习将有助于你加强臀部肌肉，从而保持身体围绕臀部进行转动，而不是两侧摆动。完成这项练习时，动作要缓慢，避免形成动能，同时保持双脚一直指向前方。要想增加难度，可选用阻力更大的弹力绳。

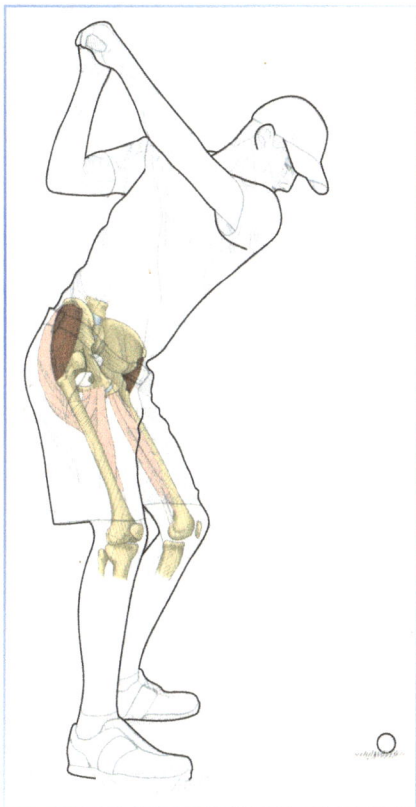

变体形式

使用弹力绳直立臀收肌练习

该练习训练的肌肉不变，但是难度稍稍增加。你将通过提腿训练腿部肌肉，同时起支撑作用的另一条腿将会努力保持身体的平衡和稳定。运动过程中尽量避免身体躯干发生移动。

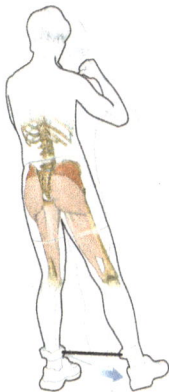

深蹲练习

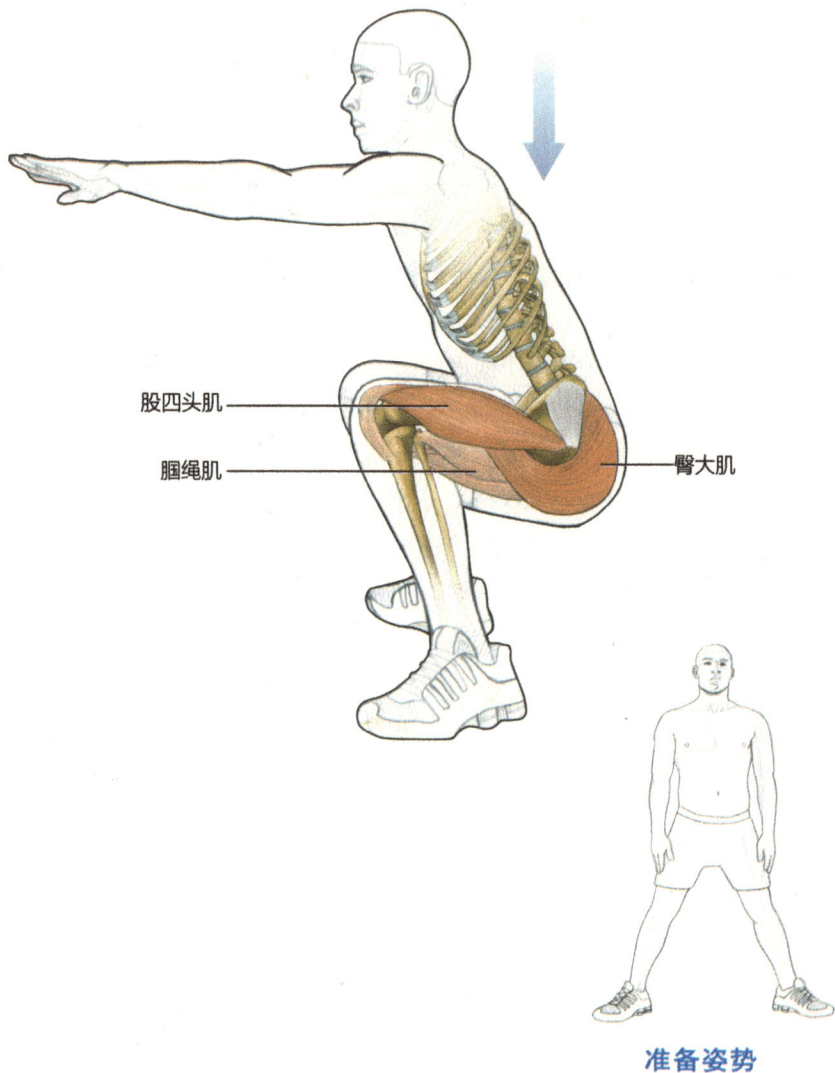

股四头肌

腘绳肌

臀大肌

准备姿势

训练步骤

1. 站立，两腿距离大于肩宽，两脚外翻 45 度。

2. 向后压低臀部，同时向前伸直手臂，与肩同高。

3. 下蹲后，后背挺直，膝盖置于脚部正上方（下蹲时不能将膝盖内收）。

4. 尽量压低身体，使大腿与地面平行。

5. 重复数次。

涉及的肌肉

主要肌群： 股四头肌、臀大肌

辅助肌群： 臀收肌、腘绳肌

高尔夫训练要点讲解

　　所有成功的高尔夫挥杆动作都具备这样一个要素，即腿部具备足够的力量将身体重心移向前脚，提升臀部完成击球。这一动作对地面形成巨大的压力，地面反过来又将这股力量反作用于球员的身体。这是高尔夫挥杆过程中发力的第一步。屈膝下蹲是一种较为安全的运动，几乎适合所有用腿部训练提高腿部力量的初学者。向外转腿便于你下蹲后转动臀部，同时也减少膝盖承受的压力。

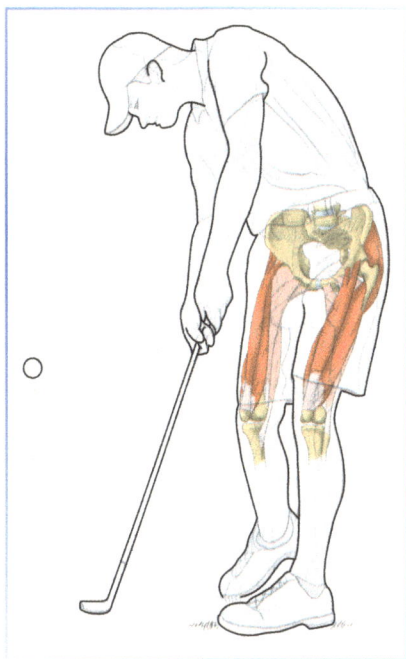

变体形式

负重屈膝下蹲

　　有些人在下蹲时可能难以保持臀部向后伸展。出现这种情况，可以用双手抓起不超过 20 磅的重量较轻的哑铃来降低训练的难度。下蹲向后伸展臀部时，你可以将哑铃提起，与肩同高，保持身体重心落在支撑基础之中（两腿之间），确保身体平衡。这是一个例证，说明训练中增加一点负重实际上是可以降低运动难度的。

使用弹力绳进行坐式划船练习

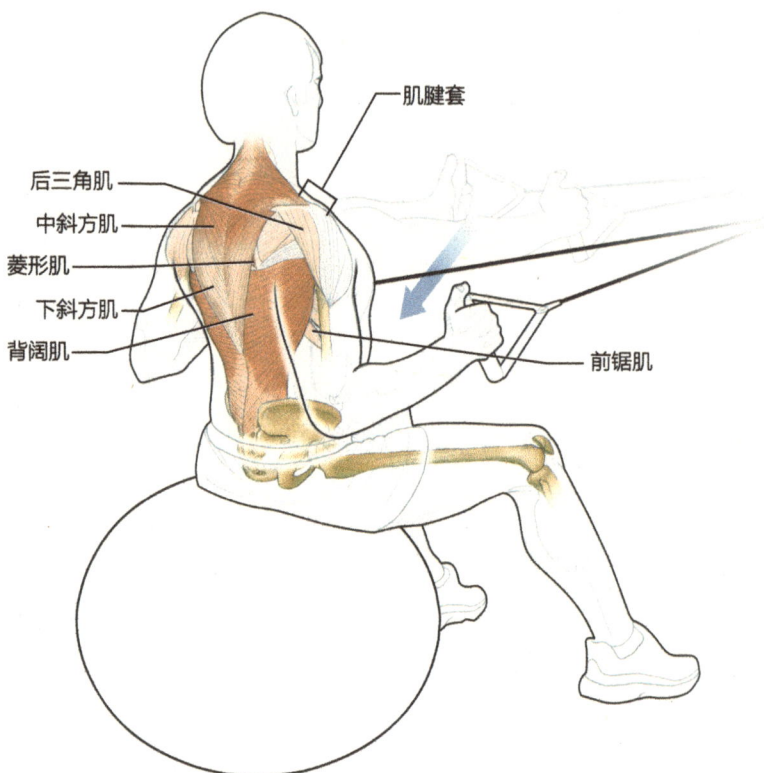

肌腱套

后三角肌
中斜方肌
菱形肌
下斜方肌
背阔肌

前锯肌

训练步骤

1. 将弹力绳绕着一个固定物体，每只手抓住一个手柄。坐在弹力球上，保持背部挺直，屈膝，脚跟着地。

2. 伸直肘部，轻轻将肩胛骨向一起收缩并向下挤压，整个练习中保持这个姿势。这是起始姿势。

3. 缓慢屈肘，向两侧移动，同时保持身体稳定。

4. 恢复起始姿势。

5. 重复数次。

涉及的肌肉

主要肌群：菱形肌、中斜方肌、背阔肌

辅助肌群：前锯肌、下斜方肌、后三角肌、肌腱套

高尔夫训练要点讲解

　　前面介绍稳定性的章节已经提到，正确控制肩胛骨很重要。如果高尔夫球员能够将肩胛骨向中间收、向下拉，那么肩部的姿势就有利于背阔肌充分发挥作用。如果背阔肌能够实现强劲的收缩（健美运动员身上的背阔肌形如一对翅膀），那么它就能帮助高尔夫球员在下挥杆过程中向前脚发力。众所周知，在击球时前腿承受的身体重量越大，腿部对地面施加的压力也更大，从而增加杆头速度。如果高尔夫球员不能正确控制前侧肩部，前侧肩部在下挥杆开始时通常会向上耸起，将会导致球员的上体在下挥杆和击球阶段向后腿方向倾斜。这种情况会造成球员击球拖拉，不利于身体重量向前腿转移，同时增加了下腰承受的压力。

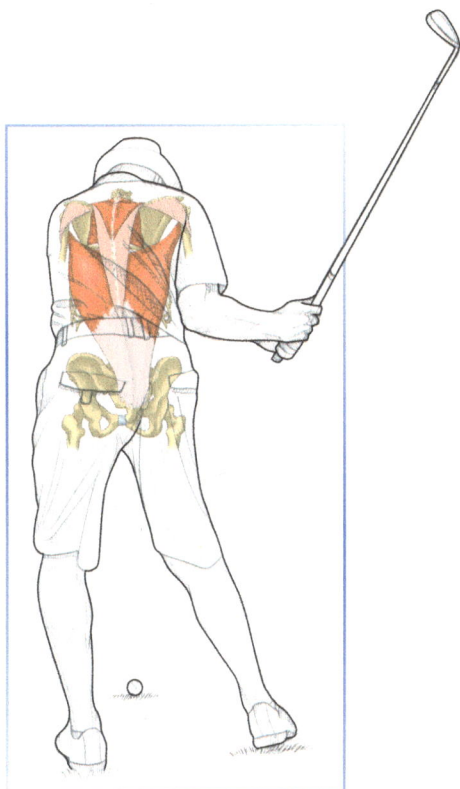

变体形式

使用绳索进行坐式划船练习

　　如果你在健身房，可以使用绳索拉力器完成此项坐式划船练习。与弹力绳相比，使用绳索拉力器的优点在于拉力在整个运动范围中保持不变（而弹力绳拉伸时阻力会随之增加）。一定要注意放下自尊，动作到位。常常看到有人一用绳索拉力器就增加负重，这样一定会造成动作变形和伤痛。如果在整个练习中不能控制肩胛骨的位置，那就说明负重过大。

三头肌斜向伸展练习

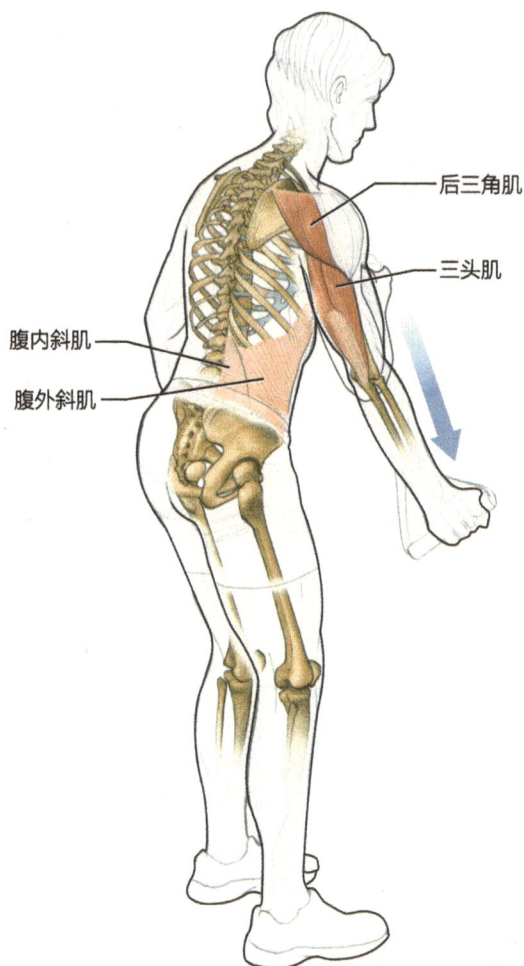

后三角肌

三头肌

腹内斜肌

腹外斜肌

训练步骤

1. 以高尔夫的挥杆准备姿势站立。右手抓住附于头部左上方的阻力带。
2. 肘部充分弯曲，指向右脚趾前方。
3. 保持上臂不动，伸直肘部，向地面方向下拉阻力带。
4. 保持上臂不动，缓慢恢复起始姿势，重复上述动作。
5. 重复数次，换另一只手重复上述动作。

涉及的肌肉

主要肌群： 三头肌、后三角肌

辅助肌群： 腹内斜肌、腹外斜肌

高尔夫训练要点讲解

　　高尔夫的挥杆过程中具备实现并保持各种角度的能力很重要。但是保持这些角度，或形成延迟释放，只有你进行有效释放的时候才能发挥作用。当下体开始进行下挥杆动作时，手臂和手腕必须保持各自的角度以增加身体的潜能。随着下挥杆动作的继续，这些角度必须进行有效的释放，才能将躯干的能量转移给手臂，然后再转给球杆。三头肌沿对角线的伸展将会加强肌肉，这些肌肉将躯干的能量转移至手臂，再将它传给球杆。增加这些肌肉的力量可让你增加延迟释放的时长，从而增加挥杆的力度。这种练习三头肌的方法还能在阻止身体旋转时增强腹斜肌。

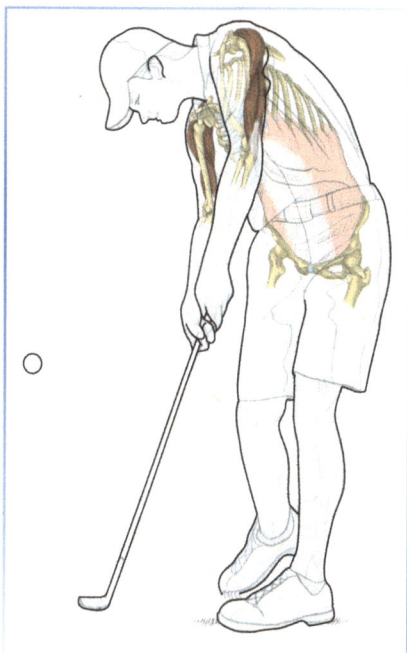

变体形式

使用绳索进行三头肌的斜向拉伸练习

　　在健身房使用绳索拉力器时，可以进行同样的练习。将手柄带与高位的绳索拉力器连接使用。动作练习内容与使用阻力带相同。由于负重在整个练习中保持不变，所以提高了练习难度。只有当你的每个重复动作都不变形时才能增加阻力。

直臂下拉练习

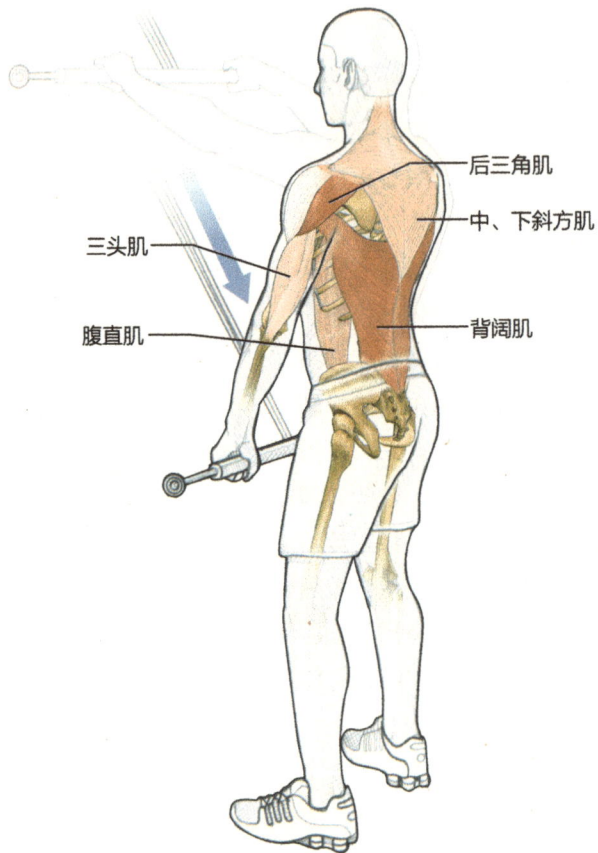

后三角肌

中、下斜方肌

三头肌

腹直肌

背阔肌

训练步骤

1. 使用高位绳索拉力器，双手分开抓住拉杆。
2. 保持肩膀后拉、下收姿势，肘部伸直。
3. 下拉拉杆直至双臂贴近身体两侧。
4. 缓慢恢复至起始姿势。

涉及的肌肉

主要肌群：背阔肌、后三角肌

辅助肌群：腹直肌、三头肌、中斜方肌、下斜方肌

高尔夫训练要点讲解

　　要实现轻松、高效的后挥杆动作，背阔肌必须具备高效的移动性。同时，具备利用背阔肌这块大肌肉的巨大力量的能力同样也很重要。该练习有助于单独训练背阔肌，同时提高你对抗外力、稳定身体的能力。当球杆运动到后挥杆顶点位置时，臀部的运动方向开始改变，启动进行下挥杆动作。此时，背阔肌充分拉伸。背阔肌的拉伸让它处于最佳姿势，能够快速收缩发力，将臀部的力量传递给上体。因此，当你的背阔肌移动能力增强后，必须具备有效地收缩背阔肌的能力。这项练习不仅可以帮助你提高背阔肌的力量，而且还能帮助你控制背阔肌，帮助身体抵抗外力，实现稳定。

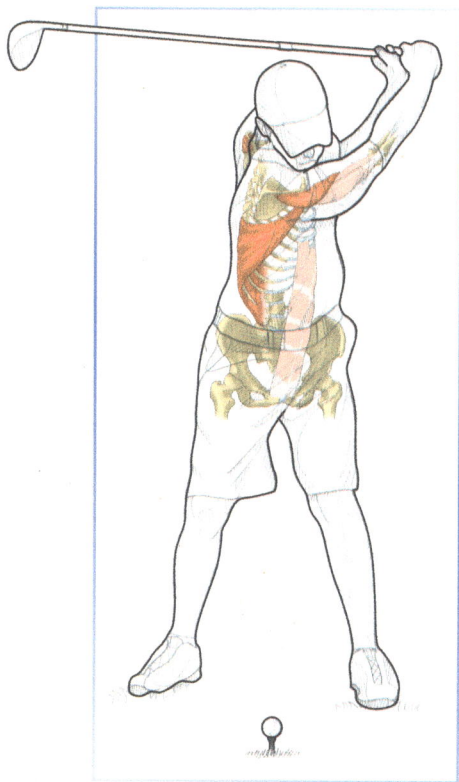

变体形式

单腿直臂下拉练习

　　为了同时训练身体的平衡能力，可以单脚完成上述练习。这种练习迫使你提高身体的稳定能力才能拉下拉杆。需要注意的是，要正确完成此项练习你可能要减少负重。

单臂下拉练习

　　这种练习还能训练腹斜肌。下拉负重时，你必须对抗身体发生旋转的自然倾向。这是模仿身体在挥杆过程中如何运动的一个很好的方式，即身体的一个部位运动而另一个部位却要保持稳定。

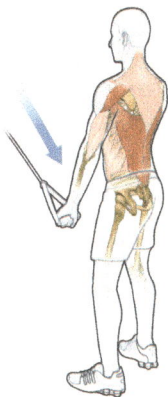

反向俯卧撑练习

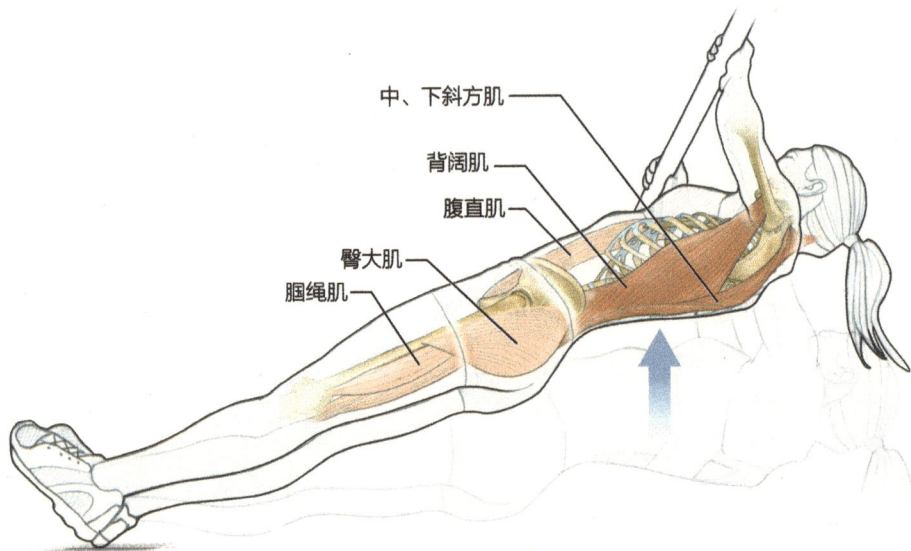

中、下斜方肌

背阔肌

腹直肌

臀大肌

腘绳肌

训练步骤

1. 躺在史密斯架上的横杆之下。

2. 双手分开握住横杆，绷直身体，使用脚跟支撑，上拉身体稍稍离地。

3. 保持身体伸直状态，将身体拉向横杆，让胸部的中部位置接触到横杆。

4. 缓慢恢复到起始位置，然后重复上述运动。

涉及的肌肉

主要肌群：背阔肌、中斜方肌、下斜方肌

辅助肌群：腹直肌、臀大肌、腘绳肌

高尔夫训练要点讲解

在挥杆过程中，身体移动到运动极限范围时，保持身体的角度和正确的姿势，难度会增大。完成这项练习，必须充分保持身体挺直，利用腰部肌肉进行运动。这样做，能够增强腹部肌肉（腹部肌肉阻止臀部下坠的倾向）以及腰上部和中部的肌肉。在进行充分后挥杆时，这些背部肌肉必须具备充足的力量保持脊椎的姿势正确。如果缺乏力量，腰上部就会开始弓起，肩部就会向前滚动。后挥杆的姿势不到位，在下挥杆时恢复正确的路径、实现击球时杆面正对球体，几乎是不可能的。反向俯卧撑练习可以帮助你避免出现这种严重的挥杆错误，并给予你保持正确姿势所需的力量。

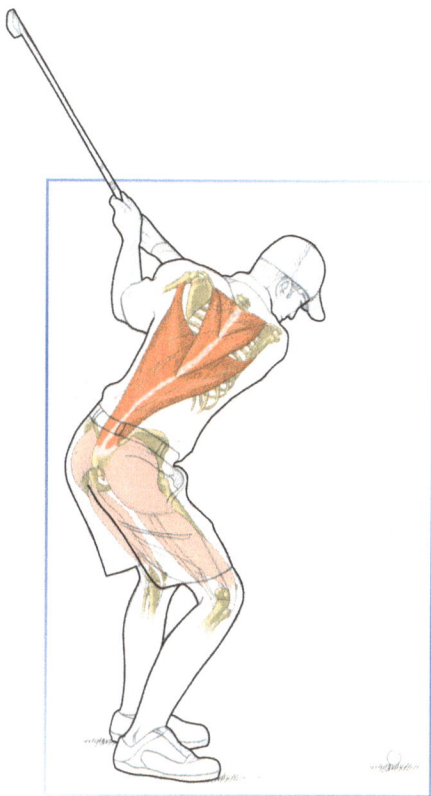

变体形式

辅助引体向上练习

如果正确完成反向俯卧撑练习的难度过大，可以尝试辅助引体向上练习。但是，你必须利用辅助牵引机。辅助牵引练习更多地训练背阔肌。尽量保持肩部下收、后拉，主要使用背部肌肉进行拉力练习。

半侧平板臀部练习

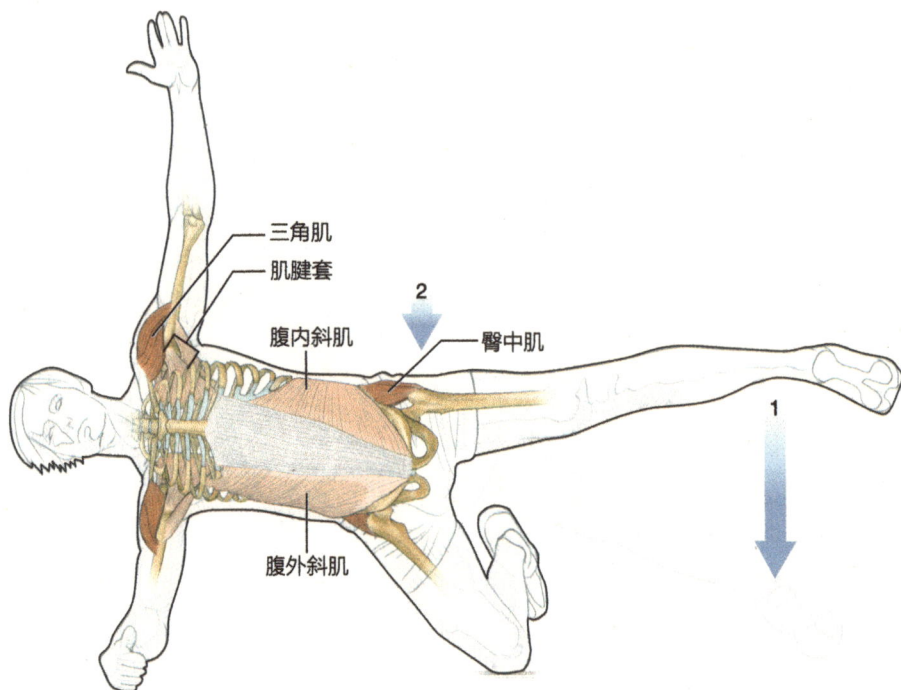

三角肌
肌腱套
腹内斜肌
臀中肌
腹外斜肌

训练步骤

1. 使用右前臂和右膝支撑侧躺。左腿悬空，与地面平行。身体从头至臀部再至上方脚部呈一条直线。下方腿屈膝90度。

2. 坚持10秒钟。

3. 将左腿放下，再恢复与地面平行的位置，重复2~10次。

4. 左腿恢复悬空并保持这个姿势。右臀向地面方向移动1英寸（约2.5厘米）；肩部不要移动。再次提臀，重复数次。

5. 换另一侧，重复上述动作。

涉及的肌肉

主要肌群： 臀中肌、三角肌

辅助肌群： 肌腱套、腹内斜肌、腹外斜肌

高尔夫训练要点讲解

业余高尔夫球员遇到的一个主要问题是在下挥杆的过程中不具备向前侧发力的能力。同时，他们的臀部旋转不足，在击球时必须通过骨盆向前侧滑动，才能实现骨盆的稳定。这种移动要求臀部和骨盆中负责稳定的肌肉具备巨大的力量。半侧平板臀部训练对于提高整个骨盆区域的力量很有帮助。当你在健身房里能较为轻松地完成这些运动时，就会看到球场击球时身体的稳定能力明显提高了。

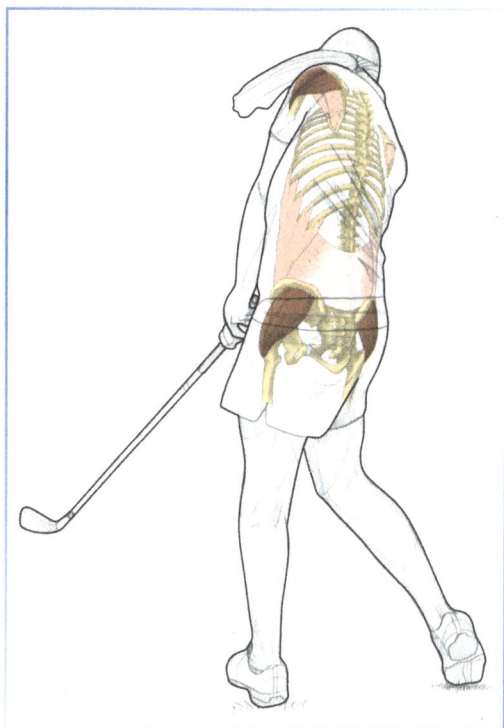

变体形式

利用长凳进行侧抬腿练习

如果有肩、颈痛，可以尝试改变训练的形式，将下方的前臂放在长凳上面。这将有助于减轻肩部的负重，也让脖子处于较为舒服的姿势，适合颈部肌肉力量薄弱或颈部不适的人群。

抱实心球下蹲起立伐木式练习

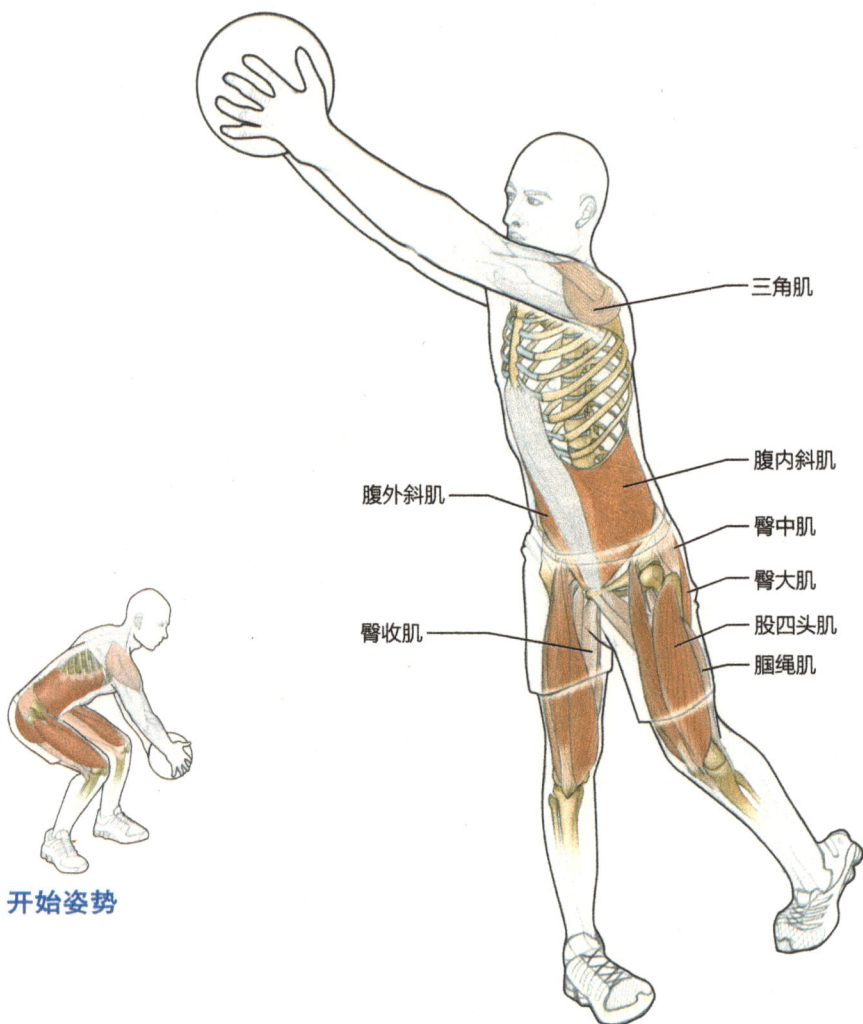

三角肌

腹内斜肌

腹外斜肌

臀中肌

臀大肌

股四头肌

腘绳肌

臀收肌

开始姿势

训练步骤

1. 下蹲，双手抱实心球。

2. 将球推向左脚踝的外侧。

3. 直立身体，同时向右旋转身体，举球过顶。

4. 右脚位置保持不变，身体围绕右臀旋转，将实心球推向右上方。

5. 重复数次，改变运动方向重复上述动作。

涉及的肌肉

主要肌群： 臀大肌、股四头肌、腹内斜肌、腹外斜肌

辅助肌群： 三角肌、臀中肌、腘绳肌、臀收肌

高尔夫训练要点讲解

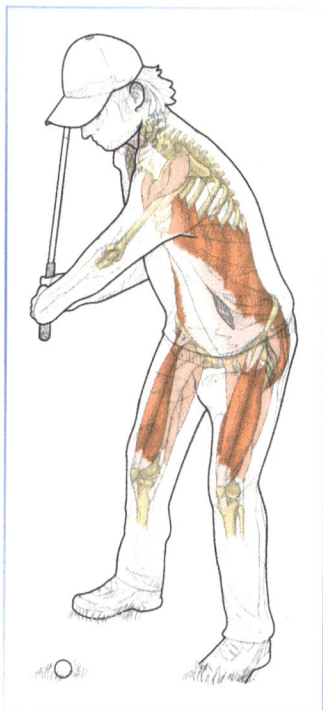

在高尔夫运动中，旋转运动的重要性是非常显而易见的。要实现高效且强劲的高尔夫挥杆，所有涉及的肌肉都必须进行训练和加强。但是，拥有强健的肌肉并不意味着你就能依照正确的顺序使用它们。下蹲起立伐木式练习利于增强每块肌肉的力量以及肌肉相互配合的能力。当你开始这项练习时就会发现，如果通过向上转动将下体的力量和能量传递给上体，完成练习的难度就会降低很多。随着你完成这项练习的水平提高了，就可以增加负重进行练习，且完成的次数也能增加。这不仅因为身体力量增加了，而且因为你的身体已经学会了如何更加高效地进行复杂的旋转运动。这恰恰正是每次挥杆动作所需的，尤其当你的站姿和球的位置都很别扭的情况下需要进行大力挥杆击球时。

变体形式

使用绳索进行下蹲反向伐木式练习

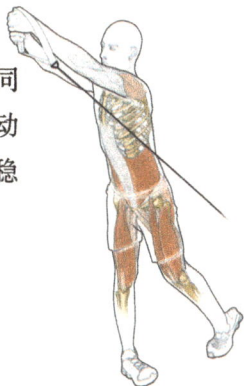

使用绳索拉力器来进行这项练习将帮助你训练相同的肌肉。然而，你会发现由于绳索的特点，要进行运动控制有点不顺手。这将帮助你有效地训练为运动提供稳定性的各块肌肉。

俯卧撑转平板练习

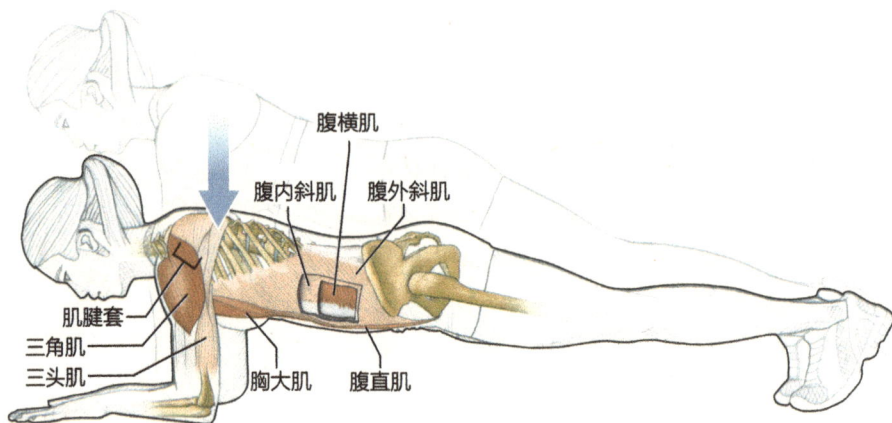

腹横肌

腹内斜肌　　腹外斜肌

肌腱套
三角肌
三头肌　　　胸大肌　　腹直肌

训练步骤

1. 双手置于肩膀的正下方，撑起身体。

2. 依次屈臂，用前臂和脚趾支撑身体的重量。（如同平板练习）

3. 姿势转换过程中，臀部不要左右晃动。

4. 依次伸直手臂，恢复起始姿势。

5. 重复数次。

涉及的肌肉

主要肌群： 三角肌、胸大肌、腹直肌、腹横肌

辅助肌群： 三头肌、腹内斜肌、腹外斜肌、肌腱套

高尔夫训练要点讲解

    开球打得很漂亮，可是沿着球道向前走时却发现球已经滚出了球道，现在停在了茂密的深草区里。任何一个球员遇到这种情况都会感到沮丧。需要使用短铁杆将球打到地面坚硬的果岭，让球产生一点旋转的确能够帮助球体较为接近旗杆。安东尼·金、亨特·马汉和老虎伍兹等球员能够轻松地完成这些近距离的击球。为什么呢？除了具备出色的球技外，他们从脚，经过腿部、躯干和肩膀到手臂，每个部位的功能都很强。他们能在深草区挥杆击球，且保持较高的杆头速度和球杆的稳定性，同时还能给予球体足够的压力，使球体离开深草区时进行一定的旋转。要做好俯卧撑转平板练习不容易，但它却能帮助你从骨盆发力，通过躯干、肩部传给手臂。

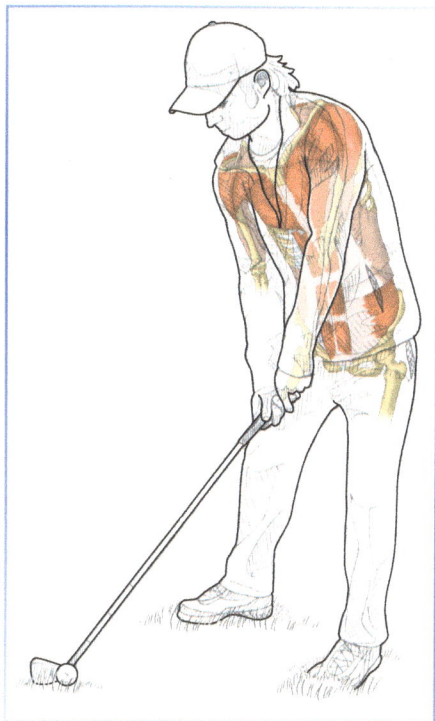

变体形式

膝盖支撑的俯卧撑转平板练习

    如果你的体力不足，无法完成脚趾支撑的这项练习，可以尝试改变使用膝盖支撑进行练习。这种形式很适合该项运动的初学者。

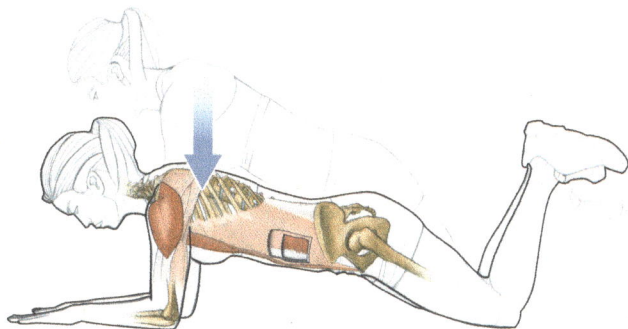

单腿伸臀下蹲练习

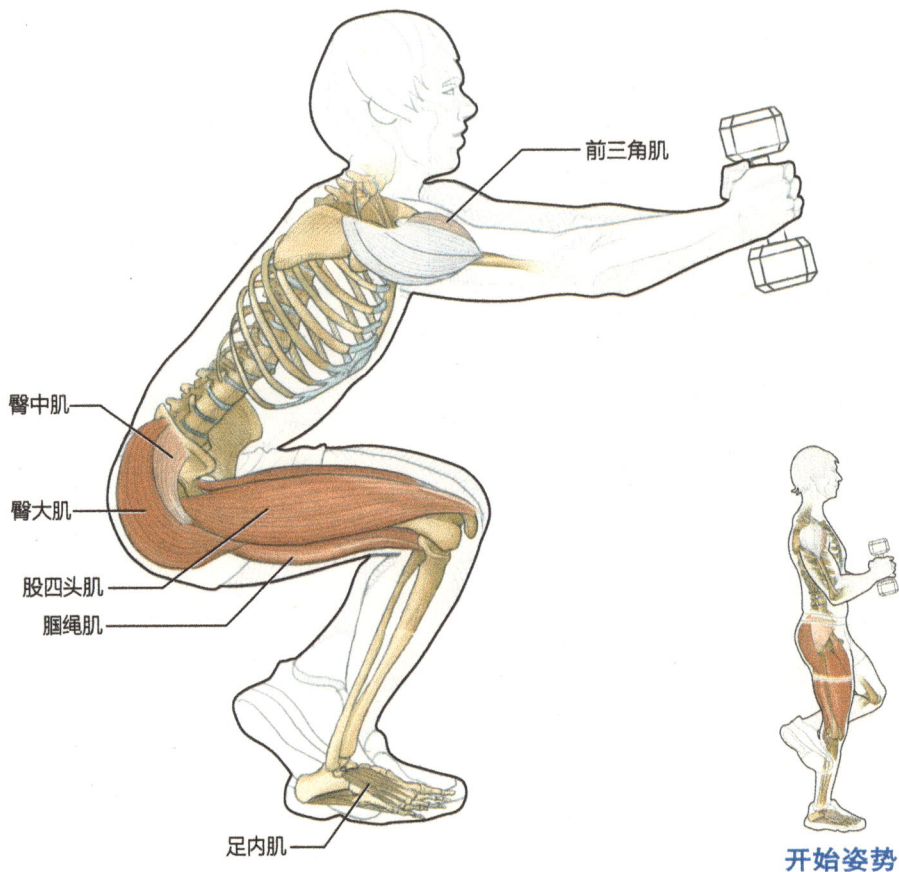

前三角肌

臀中肌

臀大肌

股四头肌

腘绳肌

足内肌

开始姿势

训练步骤

1. 将左脚踝交叉置于右腿肚之后单腿站立。

2. 向体后伸臀下蹲，屈双膝。

3. 屈双膝时，向前伸展双臂，与肩同高，保持身体平衡。

4. 向前收臀，结束蹲姿，缓慢站立。

5. 重复数次，换腿练习。

涉及的肌肉

主要肌群： 臀大肌、股四头肌、腘绳肌

辅助肌群： 足内肌、臀中肌、臀收肌、前三角肌

高尔夫训练要点讲解

　　高尔夫球场上，很多情况下需要具备力量和平衡能力才能打出高质量的球。本图中，你会发现这名高尔夫球员正在试图将位于脚部位置之下的球从深草区中打出。这一例子就充分说明高尔夫的击球需要身体具备巨大的控制力和力量才能稳定地发挥。如果球员不具备这些能力，那么在击球区往往出现过多的动作，成功击球与其说是技术还不如说是运气。单腿伸臀下蹲练习能有效地训练腿部和躯干的功能性力量，同时大大增强身体的稳定和平衡能力。该练习不能保证每次都能成功地完成这些难度较大的击球，但是却可以增加你成功的概率。

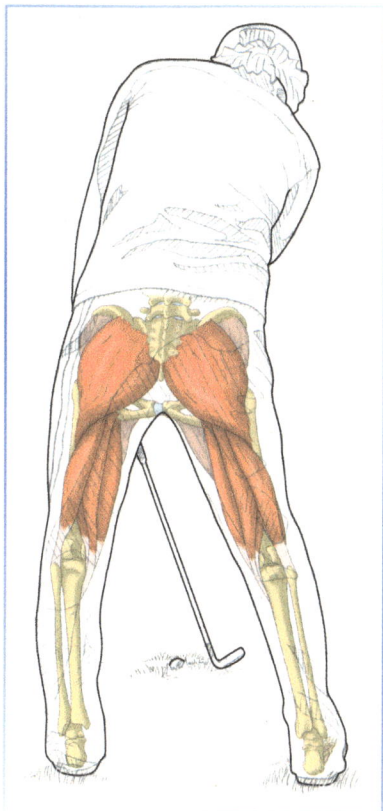

变体形式

辅助式单腿下蹲

　　要稍微降低该项运动的难度，你可以使用双手抓住栏杆或门手柄。这让你可以减少对身体平衡方面的关注，在伸臀下蹲和收臀起身时能更加集中注意力确保正确的身体姿势。随着你完成练习的熟练程度的增加，可以尝试逐渐减少对栏杆的依赖，直至完全不需要外力的帮助完成这项运动。

第 6 章

提升爆发力增加击球距离

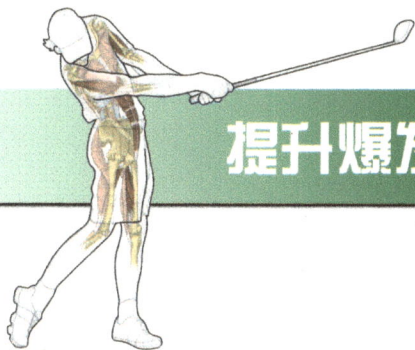

人们往往认为高尔夫是一种有钱老人玩的简单游戏。大众普遍认为这项运动不需要爆发力，既不复杂，难度也不大。这种观点却完全不符合实际情况。高尔夫的挥杆动作是所有运动中力量最强的动作之一。世界顶级高尔夫球员在挥杆过程中所实现的爆发速度是其他运动所达不到的。你可以思考一下，从高尔夫球员后挥杆至顶点（图 6.1）时算起，下挥杆，击球，到完成后续动作降低球杆的速度为止，整个过程用时极短，大约 0.2 秒。是的，只有一秒的五分之一。高尔夫球员要在如此短的时间内完成包括球杆的加速，从后挥杆顶点时的静止状态到击球时超过每小时 100 英里（相当于每小时 160 千米）的速度，然后还要在挥杆结束时将速度重新降到零。

在深入谈论其他问题之前，我们应该首先思考一下功率的定义。功率是单位时间内所做的功。理解时间是功率计算公式中的一项重要内容后，就不难看出体育运动中各种运动的强度很少能够真正赶上高水平的高尔夫挥杆动作。如果我们仔细观察参加 PGA 巡回赛比较出名且爆发力很强的选手，如老虎伍兹、菲尔·迈克逊、安东尼·金、亨特·马汉、达斯汀·约翰逊和肖恩·奥海尔，就会发现 6 种不同的身体情况。但是这些球员都有一个共同的特点，这个特点让他们每个人都能将球打到 300 码之外。这个特点不是单纯的力量，

背阔肌
腹外斜肌
臀中肌
股外肌
腓肠肌

图 6.1　高尔夫球员后挥杆至最高处的姿势

而是快速移动的能力。这些球员不仅能够非常快速地移动，具体来说即快速挥杆，而且还能几乎瞬间提高速度。

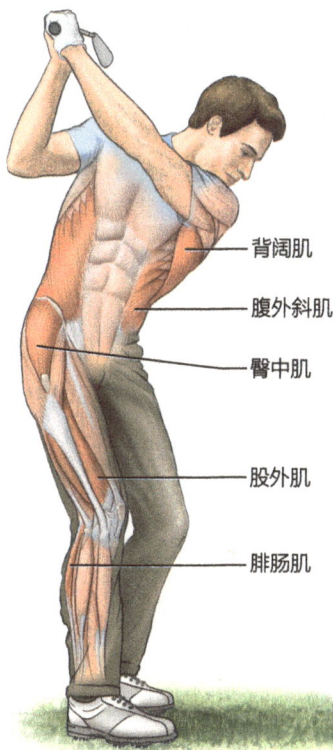

对于高尔夫运动来说，传统的健身训练存在一个缺点，即没有爆发力的训练。大多数健身教练在策划适合高尔夫运动的健身训练时，都没有考虑到高尔夫挥杆动作是一种爆发力极高的运动。相反，他们认为完成高尔夫这项运动，只要在打球的同时能走上 4 ~ 6 个小时就够了。但是，通过这本书我们不仅希望你理解为什么爆发力对于高尔夫如此重要，而且还要告诉你如何通过有效的训练提升爆发力，并将它传递给高尔夫的挥杆动作（图 6.2）。

爆发力训练的一个前提是提高前面几章介绍的各项技能。这是我们如此设计本书的原因，确保各种专项练习是根据章节进行的，有着明确的先后顺序。本章中几乎所有的练习都需要身体具备平衡、稳定、移动等能力以及力量。因此，要尝试提高爆发力

大菱形肌
背阔肌
腹外斜肌
腰大肌
长收肌
四头肌
腓肠肌

图 6.2　高尔夫的挥杆动作是一项爆发力很强的运动

的练习，首先需进行这些方面的专项练习。这不仅有助于你避免伤痛，而且会让你的爆发力的训练更加高效。本章主要目的是帮助那些希望到达身体最佳状态并获得爆发力的高尔夫运动员。本章将介绍各种训练模式，包括上肢和下肢肌肉增强训练，以及使用实心球、弹力绳和身体自重进行的各种爆发力练习。要记住根据功率的定义，它要求移动速度快，但不必使用过重的负重。与负重的大小相比，我们更关心使用的技巧是否正确，以及移动的速度。

你还要理解一件事，爆发力训练不必练出大块的肌肉。力量练习往往更能实现这样的结果。而爆发力训练主要是训练身体的神经系统提高反应速度。这可以提高信息在全身中的传播速度，从而增加身体对压力的反应速度和爆发反应强度。这正是进行高尔夫挥杆动作所需要的（图 6.3）。如果通过训练能提高和控制反应时间，就能产生很高的功率，增加球体飞行的距离。想一想短跑运动员尤塞安·博

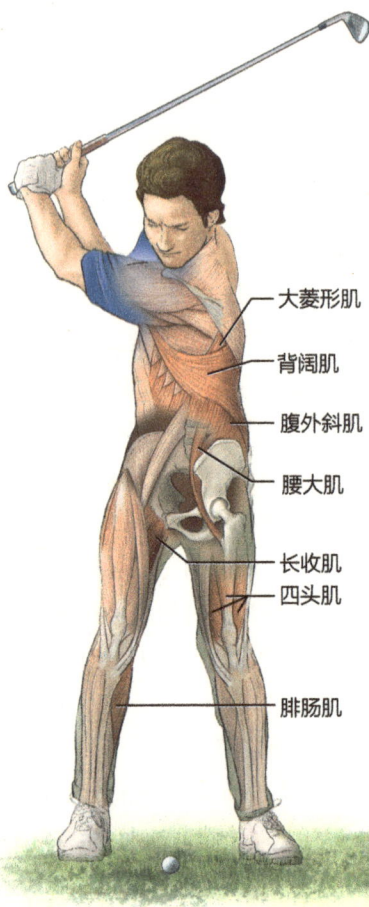

尔特（Usain Bolt）的身材，以及他在百米赛跑中惊人的表现，就不难明白这样一个道理，不一定非要有健美运动员的身材才能具有极强的爆发力和力量。

虽然增加击球距离是很多高尔夫球员的梦想，但是要在高尔夫挥杆过程中实现真正有用的爆发力，却涉及方方面面的很多因素，不仅仅需要身体强健，还需要一个提高爆发力的稳固基础。即使训练方法完全正确，且具有一个适合高尔夫运动的好身体，在进行速度训练时也必须时刻注意，因为伤痛很容易出现。为此，进行爆发力练习之前一定要进行热身运动。我们建议身体的各个部位、肌肉和关节在各自的活动范围内进行充分的热身运动。进行每项运动时首先要慢，活动范围不要太大，逐渐增加速度和活动范围。

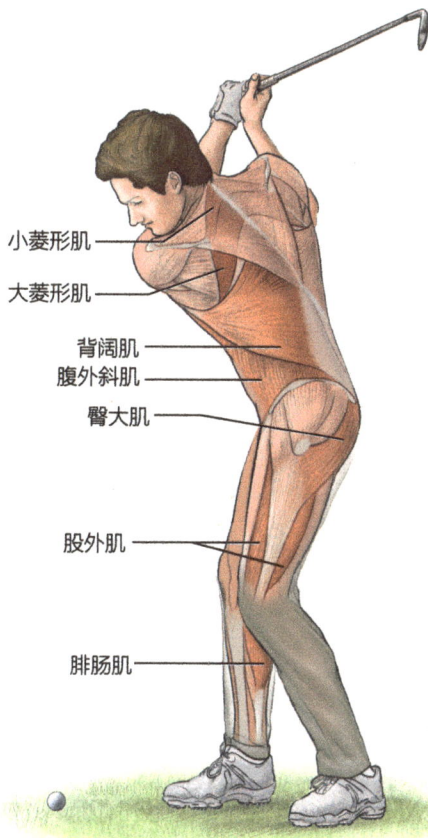

图 6.3 爆发力训练可以提高反应速度，增强爆发力

热身运动的目的不仅是让身体放松，适应运动范围内的充分运动，实际上还能让身体预热，让肌肉为移动和保护身体进行更充分的准备。正确的热身运动需要的时间稍长一点，但却能帮助你远离病痛，继续打球。

除非另行说明，否则本章的所有练习一律重复 8 ~ 12 次。需要使用阻力绳、绳索拉力器、负重的练习。刚开始时选用阻力较低的阻力绳或重量较轻的负重，以便你能够完成 3 组、每组 12 次的运动。能够做到这一点后，就可以增加负重，直至完成前 11 次练习，但最后一次练习完成起来比较吃力。仅需要身体自重的练习，先完成 2 ~ 3 组、每组 8 次的练习，能够轻易地完成 3 组 8 次练习后，将每组次数增至 10 次。

虽然如果练习动作不正确，那么所有的练习都很危险，但是提高爆发力的练习往往对身体的压力更大，需要进行体检并在体检合格后，在经验丰富的专业健身教练的指导下完成。如果进行这些运动时身体出现任何不适，必须咨询合格的专业人员寻求指导。

杠铃硬举练习

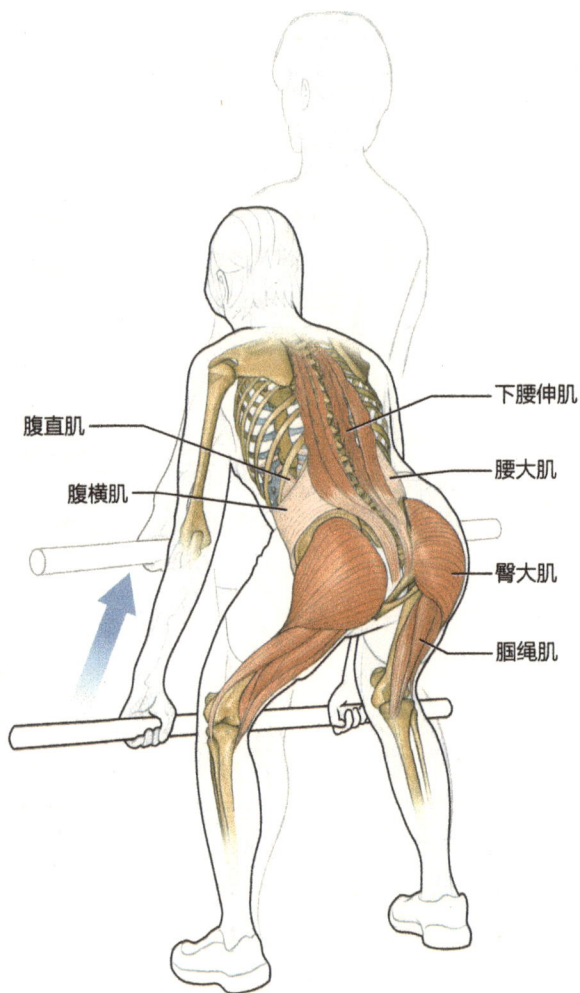

腹直肌

腹横肌

下腰伸肌

腰大肌

臀大肌

腘绳肌

训练步骤

1. 双手握住杠铃，两腿分开略宽于肩，站立。选用一个负重，可以让你完成 8 ~ 12 次，且动作不变形。

2. 保持双膝弯曲，后背挺直，重心在脚跟上。

3. 先将臀部后移，然后腰部向前弯曲。

4. 下蹲直至杠铃位于双膝下方。

5. 通过脚跟上推，向前收臀，恢复起始姿势。

涉及的肌肉

主要肌群：臀大肌、腘绳肌、下腰伸肌

辅助肌群：腹直肌、腹横肌、腰大肌

高尔夫训练要点讲解

具备完成硬拉练习的能力很重要。这种运动方式确保你任何时候需要弯曲腰部，都能使用正确的肌肉。在高尔夫的挥杆运动中，你必须能够利用臀部肌肉和腘绳肌，不仅在后挥杆的整个过程中支撑下体并保持下体的稳定，而且在转入下挥杆时发力。这项练习将帮助你学习如何既能有效地移动身体，又能使用臀部肌肉和腘绳肌的力量，同时又不会给下腰造成过大的压力。这对你的挥杆动作至关重要，你可以充分发力，同时还能远离各种错误的姿势和动作，降低受伤风险。整个练习过程中，保持后背挺直，确保所有动作的动力来源于臀部。

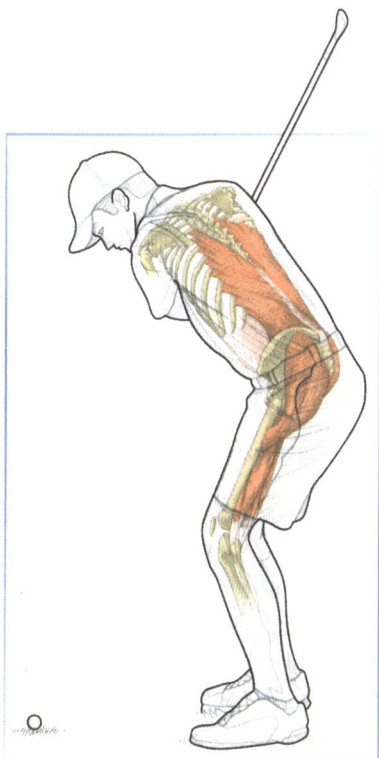

变体形式

使用绳索进行硬拉练习

使用绳索拉力器完成同样的练习。但是要确保整个运动过程中保持阻力。当你进入硬拉练习的下蹲姿势时，不要将配重放下。

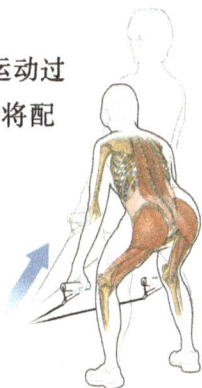

横向弹跳练习

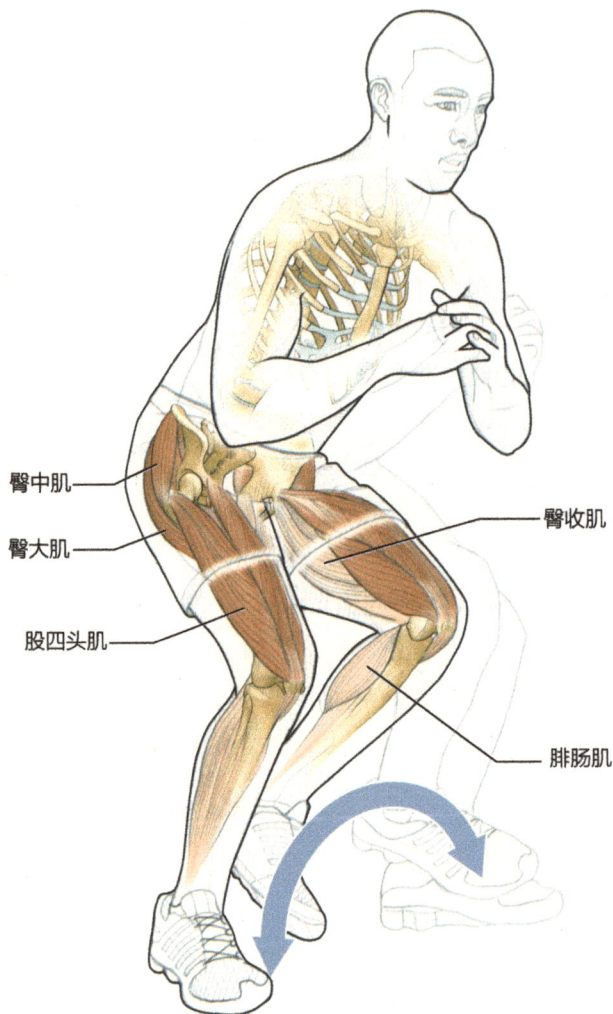

臀中肌

臀大肌

股四头肌

臀收肌

腓肠肌

训练步骤

1. 双膝微弯站立，身体的重力主要集中在右脚。

2. 向左跳跃 3 ~ 5 英尺（0.9 ~ 1.5 米）。

3. 左腿着地，膝盖微弯。不要让臀部和躯干移动到左腿之外的位置。

4. 重复上述动作，向右跳跃。重复数次。

涉及的肌肉

主要肌群： 臀中肌、臀大肌、股四头肌

辅助肌群： 腓肠肌、臀收肌

高尔夫训练要点讲解

高尔夫的挥杆过程中，功率来源于你从地面一直到球杆杆头的过程中的加速能力。有效地转移这股能量可以让你利用后挥杆和下挥杆过程中形成的所有功率来击球。当你进入挥杆过渡阶段时，通过重心转向前脚来发力。先由下体发力，如果你能够保持臀部的稳定，这股能量将会进行连锁传递，直至最终到达杆头。这项练习将帮助你增加下体的发力，同时有效地保持身体稳定，确保你在挥杆过程中积攒的能量在击球时全部传递给球体，最终实现更加强劲的挥杆，增加击球距离。

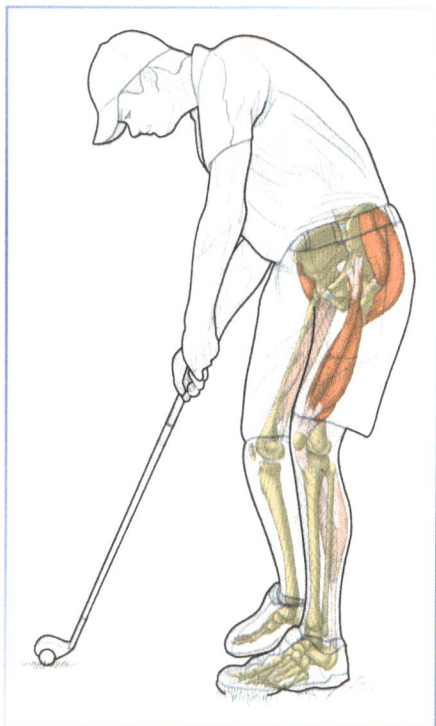

变体形式

使用实心球进行横向跳跃练习

使用实心球不仅能够增加阻力，而且还能增加平衡练习的难度，因为我们无法使用手臂来保持身体平衡。肘部弯曲，将实心球抱于胸前。

横向跳跃加转体练习

练习增加的内容看似简单，却大大增加了你保持身体平衡和稳定的难度，帮助你训练高尔夫的转体运动。脚一着地，就将双臂交叉于胸前，旋转躯干，先是向站立的那只脚的方向转体，然后再向反方向转体。

博苏球上过顶扔球练习

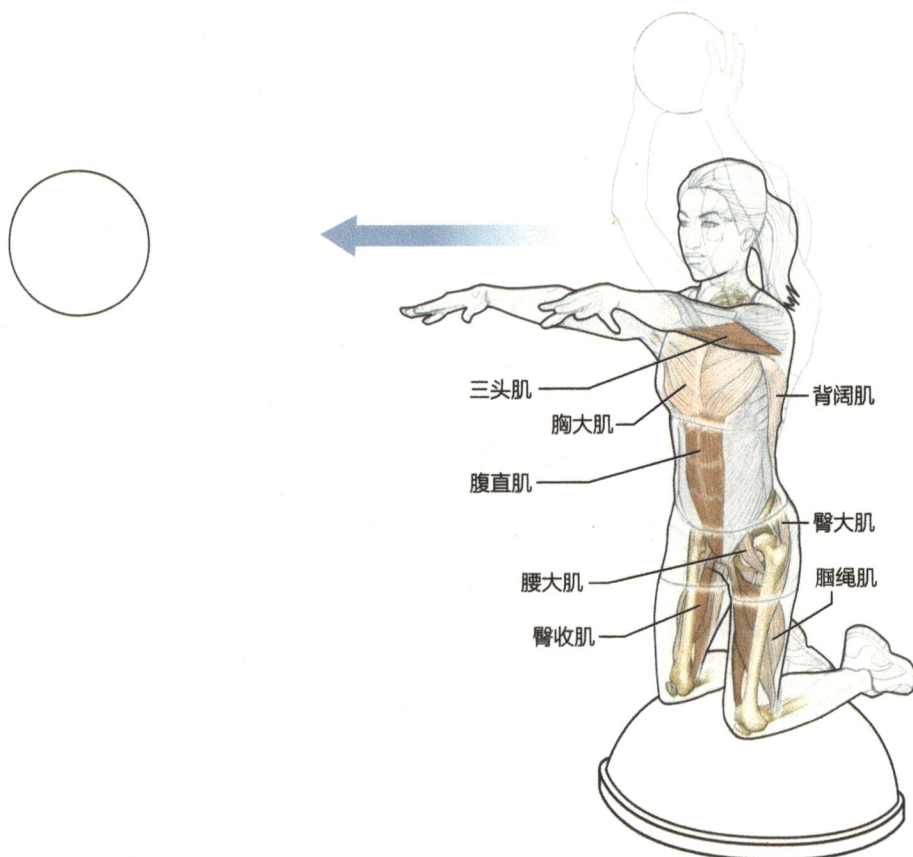

三头肌

胸大肌

腹直肌

腰大肌

臀收肌

背阔肌

臀大肌

腘绳肌

训练步骤

1. 跪在博苏球的曲半面上，脚趾离地。

2. 将实心球举过头顶，貌似足球中扔球的动作。

3. 保持身体的平衡和稳定，将实心球扔给同伴。

4. 接球，重复上述动作。

涉及的肌肉

主要肌群： 腹直肌、臀收肌、三头肌

辅助肌群： 臀大肌、腰大肌、腘绳肌、胸大肌、背阔肌

高尔夫训练要点讲解

　　虽然头顶扔球的动作并非模仿高尔夫的挥杆动作，但是它对于同时提高全身的力量和平衡能力非常有效。运动员在进行健身训练时往往忽视的一个肌肉群，即大腿内侧的收肌。这些肌肉对于整个高尔夫挥杆过程中实现骨盆移动和躯干的稳定非常重要。在练习中保持双脚离地，你必须真正练习收肌肌肉，以及腹部区域中的所有肌肉。这项练习的另一个好处就是跪在球上时臀部和骨盆能够自动出现高尔夫准备姿势。因此，这项练习不仅能够加强维持骨盆和脊椎稳定的肌肉，还能保持高尔夫的运动姿势。

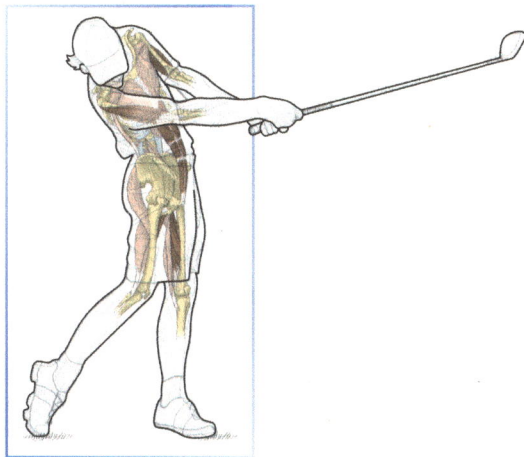

变体形式

博苏球上模拟头顶扔球练习

　　如果没有同伴，你可以在实际不扔球的情况下完成这项练习，也能收到很好的效果。只要跪于博苏球顶部，使用双臂将球从胸前举过头顶，做出足球扔球姿势，模拟扔球动作。选择适当的速度进行运动，确保能够在博苏球上保持身体平衡。当你进行这项练习时保持平衡的能力增强了，可以增加双臂运动的速度。

增强式俯卧撑练习

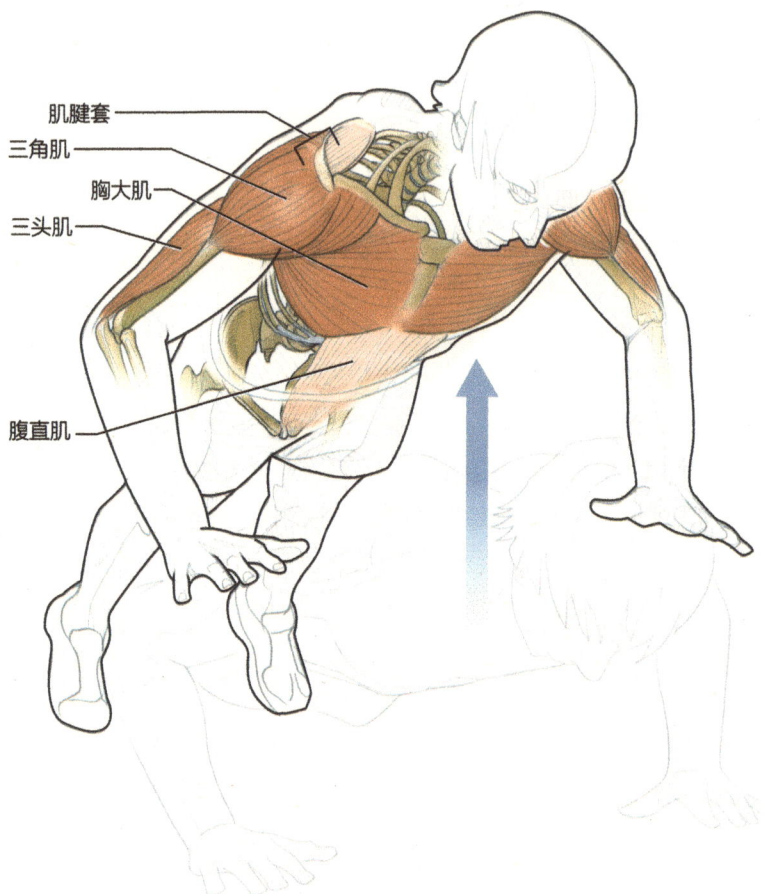

肌腱套
三角肌
胸大肌
三头肌

腹直肌

训练步骤

1. 双手分开与肩同宽，做出正常的俯卧撑姿势。

2. 如正常俯卧撑练习那样下压身体。

3. 使出全力，用最快的速度上撑，让双手离开地面。

4. 着地时微屈双肘，重复上述动作。

涉及的肌肉

主要肌群： 胸大肌、三头肌、三角肌

辅助肌群： 腹直肌、肌腱套

高尔夫训练要点讲解

在高尔夫运动中，大部分的击球都不需要上体具备极大的力量和功率。但是，有些时候，这些健身因素对于发挥你的击球潜能极其重要。老虎伍兹非常擅长处理突发状况的一个原因就是因为他的上肢力量和功率能够完成一些难度很大的击球。有时，开球难免会造成球飞入深草区的情况。如果力量不足，那么除了采取保险的做法将球打回球道之外别无他法，即使这样做难度也很大。通过增强式俯卧撑练习可以增加上肢的力量，出现开球不佳的情况之后还能让你有更多的选择。你能够更轻松地将球打回球道，而且还能有更多的机会将球从糟糕的落位打入果岭。

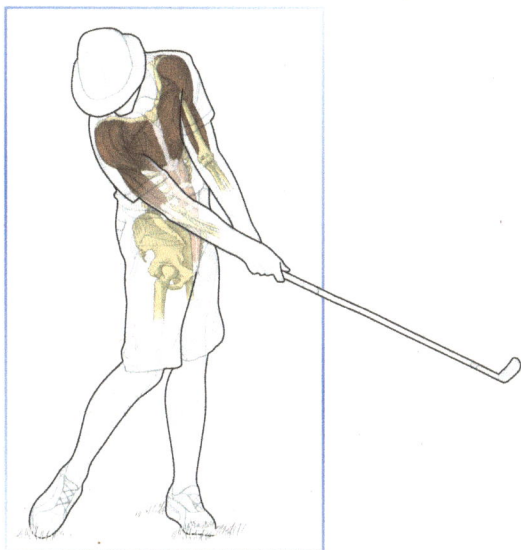

变体形式

仰卧于弹力球上扔实心球练习

这个练习训练的主要肌肉群不变，但是难度大大降低。选择合适重量的实心球，确保扔球有一定的难度，但又能非常轻易地安全接球。当你开始选用较大的实心球后，就要提高练习的难度，进行增强式俯卧撑练习，这样你就不会因为扔的重量过重而受伤了。躺下，双膝弯曲。双手抱住实心球，置于胸上方。使用双手，将球朝正上方抛向空中。接球并重复上述动作。

躺于弹力球上转体扔球练习

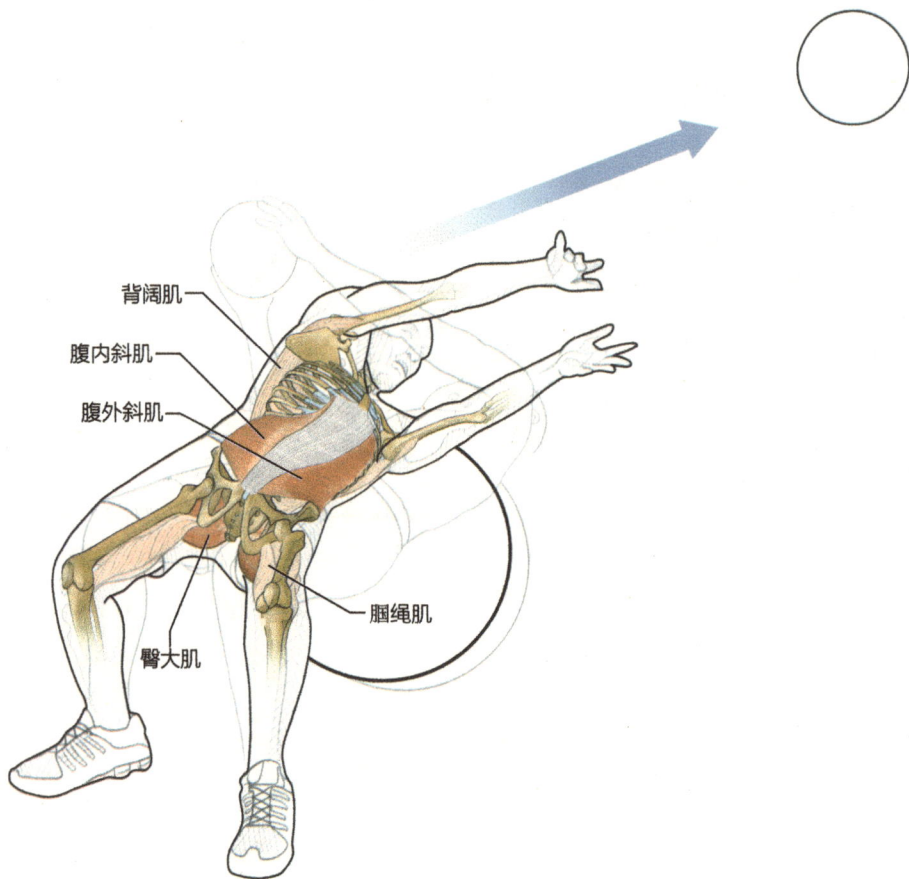

背阔肌

腹内斜肌

腹外斜肌

腘绳肌

臀大肌

训练步骤

1. 躺在弹力球上，上臂置于胸部上方。

2. 接住同伴抛给你的球，向没有同伴的一侧旋转 90 度。

3. 向回旋转身体，转向同伴，当双肩垂直叠加且面对同伴时将球扔出。

4. 重复数次，向另一侧旋转身体，重复上述动作。

涉及的肌肉

主要肌群： 腹内斜肌、腹外斜肌、臀大肌

辅助肌群： 背阔肌、腘绳肌

高尔夫训练要点讲解

　　要实现可重复、高效且强劲的高尔夫挥杆动作，在保持臀部、骨盆和躯干的稳定的同时要实现骨盆和肩膀的分离，这一点很重要。此外，实现这种分离之后，高尔夫球员必须在接近击球时能够快速结束这种分离。弹力球上转体扔球练习是一种有效的运动。它能帮助所有球员提高上、下体分离，增强躯干运动时的平衡能力，培养身体结束后挥杆和下挥杆开始时形成的分离状态的能力。

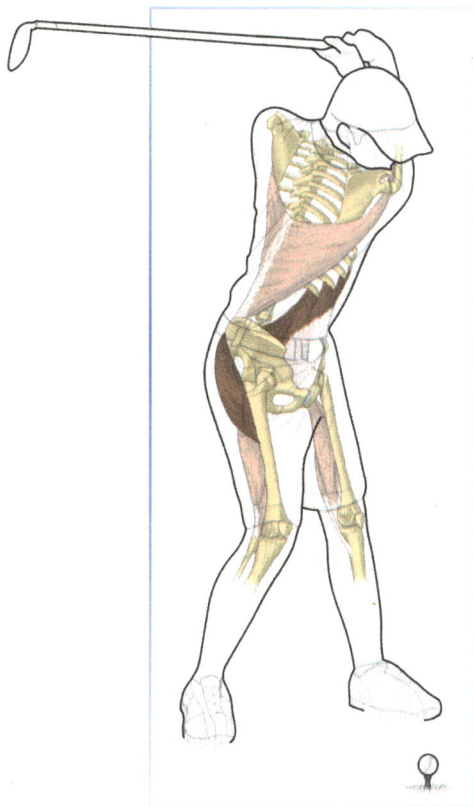

变体形式

躺于弹力球上转体拉弹力绳练习

　　使用弹力绳进行弹力球上转体扔球练习有一种变体形式，在没有同伴给我们扔球时可以使用一根弹力绳进行这项练习。确保一开始不要使用太紧的弹力绳，重点在于让肩部进行充分的转动，同时保持整个身体躯干和肩部区域保持稳固扎实的感觉。

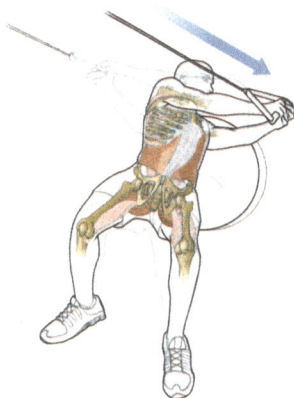

展臂旋转练习

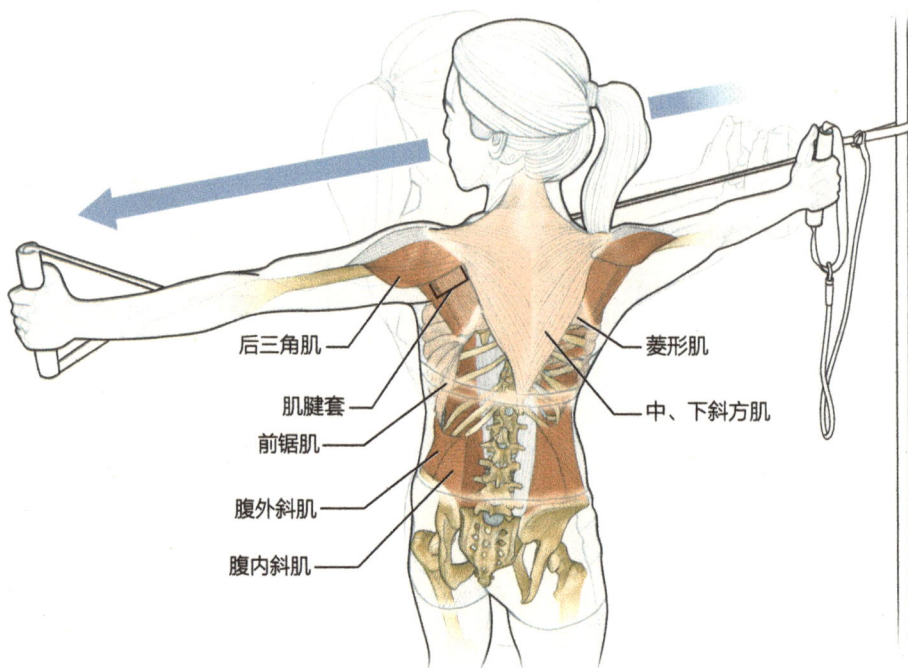

后三角肌

肌腱套

前锯肌

腹外斜肌

腹内斜肌

菱形肌

中、下斜方肌

训练步骤

1. 将弹力绳固定于一根杆子上，每只手里握着一个手柄。手臂向前伸直置于胸前，掌面相对。

2. 向一侧充分旋转一只手臂，头和躯干。

3. 缓慢恢复起始姿势，换另一只手臂，重复上述动作。

涉及的肌肉

主要肌群： 肌腱套、后三角肌、腹内斜肌、腹外斜肌

辅助肌群： 前锯肌、中斜方肌、下斜方肌、菱形肌

高尔夫训练要点讲解

　　下挥杆过程中，腿部发力，通过身体的躯干传递给双臂。当腿部发起的能量到达肩部时，负责肩胛骨稳定的肌肉必须强劲有力，并协同躯干的肌肉共同发挥作用。展臂旋转练习能有效地同时加强稳定躯干和肩膀的肌肉。使用一根弹力绳，可以大大提高肩部和躯干的稳定性，有助于从地面发起的能量通过躯干在即将击球前传递给双臂。如图所示，你可以看到在下挥杆开始时前侧肩胛骨保持下收姿势。这种姿势有助于肩部在整个挥杆过程中保持适当的稳定和运动，实现能量最大化的传递。

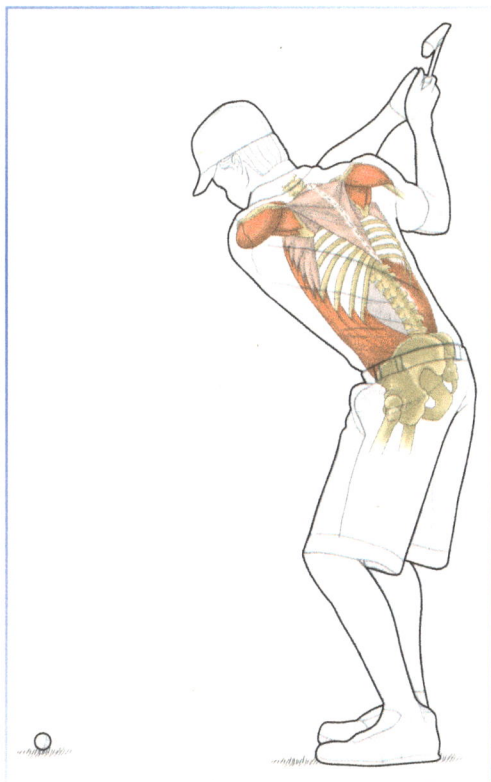

变体形式

利用高尔夫球车进行展臂旋转练习

　　展臂旋转练习是打球前或练习打球前不错的热身练习。我们经常在PGA巡回赛的拖车上进行这项练习。虽然大部分的业余高尔夫球员在打球前都不具备在健身房里练习的奢侈待遇，但是他们通常都能利用高尔夫球车。将弹力绳拴在高尔夫球车的杆子上，完成这项练习，能让躯干和肩部进行有效的热身运动。

增强型前蹲练习

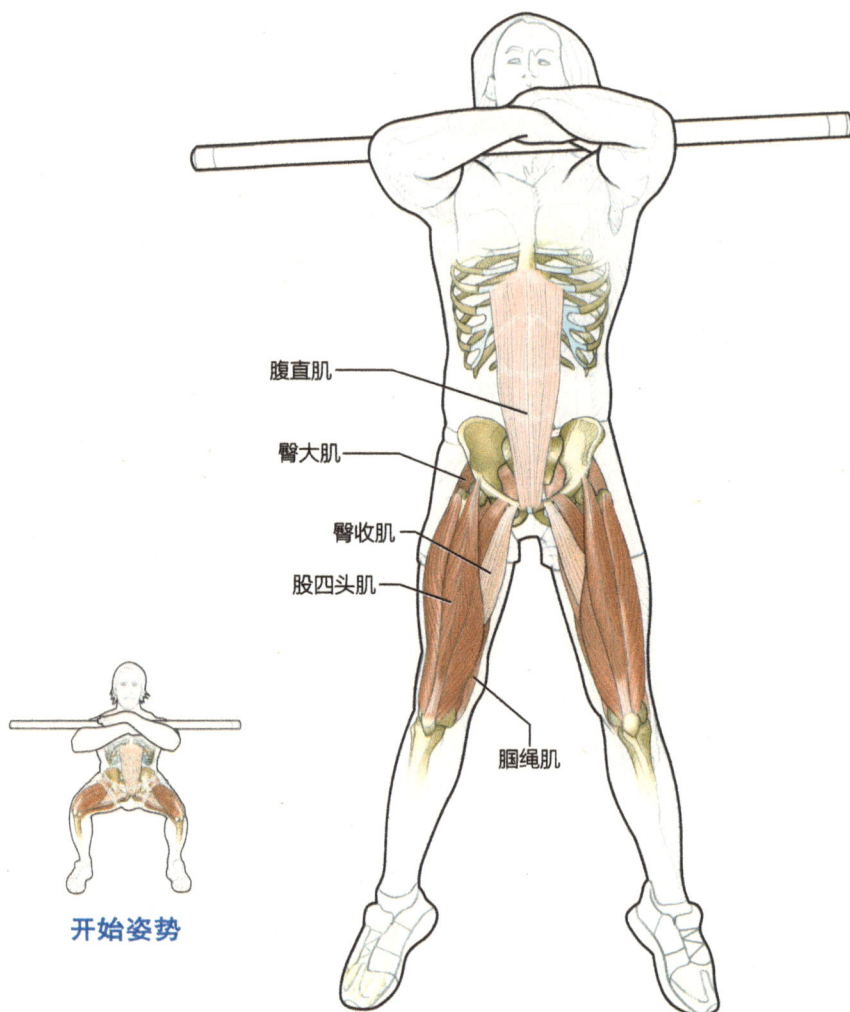

腹直肌

臀大肌

臀收肌

股四头肌

腘绳肌

开始姿势

训练步骤

1. 两腿分开，与肩同宽站立，双脚稍稍向外张开。双臂交叉，横向持杆于胸前。

2. 膝盖应位于脚踝的上方，不得向中心方向内收。

3. 保持对身体控制的同时，努力上跳。

4. 落地后恢复起始蹲立姿势。双脚着地后，立即开始再次起跳。

涉及的肌肉

主要肌群： 臀大肌、腘绳肌、股四头肌

辅助肌群： 腹直肌、臀收肌

高尔夫训练要点讲解

正如本书中一直强调的那样，功率必须通过腿部向地面发力而生成。增强式前蹲练习能够非常有效地锻炼腿部和臀部的肌肉的力量。我们都看见过世界上最优秀的高尔夫球员在击球前臀部巨大的爆发力。骨盆发力有助于让高尔夫球员脚下如生根一般稳稳地站立，实现能量通过身体传递给球杆。这项练习有助于提高高尔夫运动的发力。开始练习时，使用很轻的负重或不使用负重，随着你变得强壮，一次增加一点负重。这种练习不宜负重过大。它的设计针对较轻的负重，以便进行快速的移动，正如高尔夫的挥杆动作。如图所示，你看见该高尔夫球员通过骨盆进行强劲发力，并利用腿部和臀部的大肌肉，从地面向上发起最大的能量。

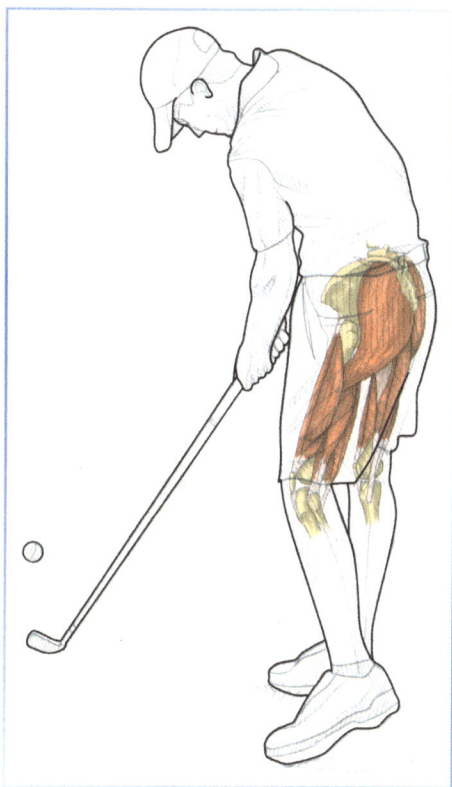

变体形式

前蹲练习

尝试增强式练习前，建议尝试一下常规的前蹲练习。如果你能够轻易地完成前蹲练习且不受伤，可以先从无负重进行增强式跳跃开始，然后随着你更轻松地完成这项练习，可以逐步增加一点负重。

高尔夫球式增强型扔球练习

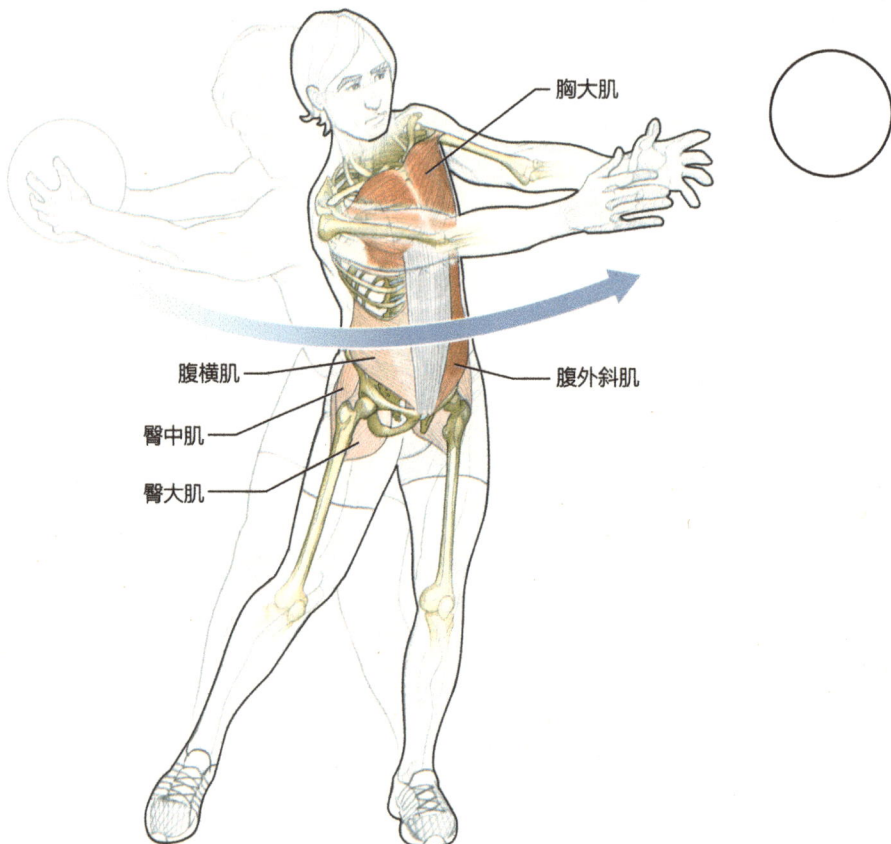

胸大肌

腹横肌

臀中肌

臀大肌

腹外斜肌

训练步骤

1. 以打高尔夫球的姿势站立。同伴手抱实心球，站在你的正左侧。这是起始姿势。

2. 同伴将实心球扔给你。在高尔夫球击球姿势范围内倾斜身体，向右旋转身体躯干和双臂的时候接球。

3. 流畅地移动身体，降低实心球的运动速度，然后用腿向地面发力，开始向身体左侧运动，增加双臂的移动速度，向同伴方向加速球体运动。

4. 将球扔给同伴，结束身体旋转运动，完全恢复站立姿势。

5. 恢复起始姿势，重复数次。

6. 向身体的另一侧旋转，重复上述动作。

涉及的肌肉

主要肌群： 腹内斜肌、腹外斜肌、胸大肌

辅助肌群： 臀大肌、臀中肌、腹横肌

高尔夫训练要点讲解

　　球杆运动到后挥杆的顶点位置时，要使用身体躯干给后侧方向运动减速，同时使用腿部的力量将骨盆向前侧发力。这时，将会真正出现骨盆和肩部的分离。学习如何使用腿部力量进行下挥杆运动，同时实现骨盆与上体的分离，这些是提高挥杆的功率和效率的重要内容。高尔夫式扔球练习有助于提高骨盆、躯干和手臂的离心力（伸长）和同心力（缩短）。

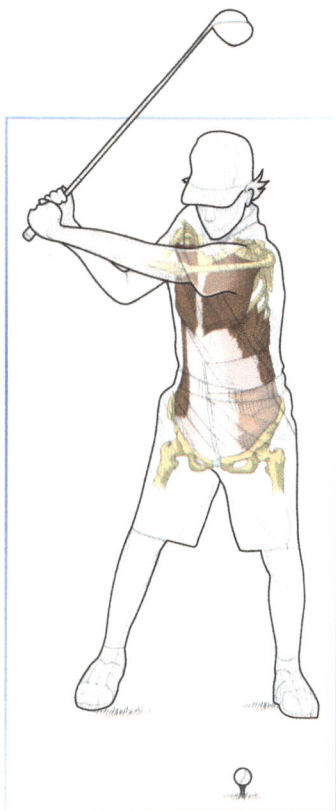

变体形式

高尔夫式对墙扔球练习

　　没有同伴时，可以对墙扔球完成该项练习。不同于主要练习中的接球，运动先从高尔夫击球准备姿势抱实心球开始。如同高尔夫的正常挥杆那样，开始运动进行后挥杆。通过腿部发力进行下挥杆，将球扔向墙体。

第7章

避免高尔夫运动中的
5 大薄弱身体部位出现伤痛

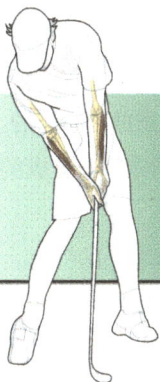

在 业余和专业的高尔夫球员之间，高尔夫运动造成的伤痛发病率以及伤痛身体部位存在差异。由于挥杆的机械运动、身体状况和挥杆次数（包括练习和在球场上的挥杆），以及所用器械的不同，球员之间会出现不同的伤痛。虽然在打高尔夫的过程中可能出现各种伤痛，但有几种伤痛经常发生。高尔夫球员中最常见的伤痛部位分别是下腰、手腕、肩部、肘部和臀部。挥杆的速度快、力量大，往往造成高尔夫运动的伤痛，但也可能是由球员身体条件不适合该项运动造成的。许多参加巡回赛的专业球员每天要进行数百次的挥杆动作，却能保持身体不受伤痛的困扰。然而，许多周末打高尔夫的业余球员每天仅挥杆 100 次，却让身体彻底报废。为什么出现这种情况？原因很简单，专业球员从身体条件和技术层面上都适合这项运动，所以他们能避免伤痛，而且每周都能参加巡回赛。本书介绍的各种练习就是专业球员为了保持身体最佳状态进行击球所使用的训练。本章旨在对最容易出现伤痛的身体部位进行针对性的训练，让你能够多花点时间关注这些方面，避免这些伤痛。

研究表明，下腰伤痛在专业高尔夫球员的伤痛中占比高达 63%，占业余高尔夫球员伤痛的 36%。总的说来，腰椎在正常运动范围之内进行旋转与下腰伤痛有直接联系。下腰伤痛中高达 50% 是由于腰椎在正常运动范围之外的旋转运动所造成的。这些旋转运动，再加上脊椎的向前弯曲，使得下腰受伤的风险大大增加了。了解高尔夫挥杆运动过程包括了腰椎的这两种运动，我们就很容易明白为什么下腰疼痛是高尔夫球员的头号伤痛。在日常生活中，旋转运动通常是受到控制的，但高尔夫的挥杆动作则不然。而且，高尔夫的挥杆动作还要求多个关节进行几乎最大或最大的旋转运动才能实现有效的挥杆。任何一个部位运动不足或过量，都会造成动力链进行不良的补偿。如此，我们还会觉得高尔夫的挥杆动作造成如此多的腰部伤痛有什么奇怪吗？

为了让你对这一切有个正确的认识，我们需要详细说明一下，每次挥杆时，下腰部承受的压力相当于人体自重的 8 倍。举例来说，如果你的体重是 200 磅（约90 公斤），每次完成完整的挥杆动作，你的下腰就要承受 1600 磅（约 720 公斤）

的压力。跑步，被认为是一项高压运动，通常造成的压力仅为身体体重的 3 ~ 4 倍。仅通过这项对比，就能让你明白身体要多么强壮才能承受每次挥杆对脊椎造成的这种巨大压力。

手腕的伤痛也很常见。它们的出现通常是由于球杆击中了球体之外的物体。这个物体可能是地面、树根、埋在地里的石头或是发球垫。这种伤痛往往出现在业余球员身上，因为他们削到了草坪。这指的是在击中高尔夫球之前杆头打到了地面。球技较好的高尔夫球员出现腕部伤痛，通常是在深草区击球时造成的，深草抓住了球杆的杆头和杆颈，造成杆头的运动速度迅速降低，类似击中草皮的情形。这两种情况都会导致球杆快速减速，因此手腕也快速减速，造成受伤。由于球员不可能总能避免快速减速的情况，因此你应该训练手腕，让它能够应付这种剧烈的力量。加强腕部的力量不仅可以帮助你避免球杆速度过度下降，而且还能保护手腕不被拉伤。否则一旦受伤，就很难再从事高尔夫运动，因为每次挥杆都会造成整个手腕受伤组织经受震动和外力。这样就会延缓康复，还可能加重伤情。因此，最佳的办法就是训练手腕应对各种情况，具备足够的力量来避免上述种种伤痛。

在专业高尔夫球员中，肩部也是一个容易受伤的身体部位。前肩受伤的情况占肩部伤痛的比例高达 75%。肩部往往被称为复杂的肩部，的确名副其实：非常复杂！肩部功能涉及的解剖和生物机械运动非常复杂，以至于各种效率低下问题都能造成伤痛。肩部需要在多个平面中进行范围非常广的运动，从而造成了肩关节本身不稳定，主要依赖关节周围的各个软组织实现稳定。如果我们研究一下锁骨、肱骨和肩胛骨，仅这三块骨头就有 20 块肌肉为其服务，还有 95 个附着点。许多人在进行健身训练时只关注小部分的肌肉。结果，肩部的机械运动就会受到影响。既要训练你看得见的肌肉，也要训练看不见的肌肉。高尔夫球员通常由于肩部肌肉不平衡，使得关节不能正确移动，从而感到肩膀疼痛。因此，在健身训练中应该均衡地训练复杂的肩部中的各个部分，实现肩部的平衡，这一点至关重要。这能提高肩部的移动范围，还能让你避免出现肩部疼痛。

想到高尔夫运动中的肘部伤痛时，人们会自然而然地想到高尔夫球肘。听起来符合逻辑，是吧？实际上，高尔夫运动中最常见的肘部伤痛其实是网球肘。对高尔夫球员来说，网球肘既可能出现在前肘，也可能出现在后肘，不过前肘更常见。挥杆时握杆太紧，或是改变握杆方式都能造成前臂肌肉组织发起的力量大小出现变化。力量过大造成组织负重过大，进而造成肘部伤痛。造成高尔夫球员出现网球肘的其他常见原因有后续挥杆时出现小鸡展翅的挥杆错误动作，以及起杆时曲肘。这两种错误都会让高尔夫球员最终快速大力地伸直手臂，并造成肘部组织负重过大。

　　另一方面，高尔夫球肘指的是肘部内侧区域的肌肉和肌腱受伤。最常见的情况是，后肘受伤。下挥杆时过早地向球杆发力，产生的力量太大，肌肉无法控制。重复使用这种拙劣的技术击球很容易造成组织受伤，导致每一次击球都出现疼痛现象。

　　我们要关注的最后一个容易受伤的身体部位就是臀部。虽然大多数高尔夫球员都知道臀部、骨盆和躯干必须进行旋转才能实现有效挥杆，但大多数人的臀部在力量和移动方面都有问题。移动能力和力量的缺乏不仅造成挥杆效率低下，还造成臀部受力分配不均。人体非常智能，总会找到移动的方法。问题是很多情况下这些补偿运动方式造成了伤痛。要求臀部以超出其承受范围的速度和方式进行运动，会造成臀部的肌肉、韧带、肌腱和关节受力，引起疼痛。臀部疼痛会导致几乎无法实现高尔夫挥杆运动所需的正确身体旋转，也不能进行有效的挥杆动作。

　　除非另行说明，否则本章的所有练习一律重复 8 ~ 12 次。需要使用阻力绳、绳索拉力器、负重的练习，刚开始时选用阻力较低的阻力绳或重量较轻的负重，以便你能够完成 3 组、每组 12 次的运动。能够轻松做到这一点后，就可以增加负重，直至完成前 11 次练习，但最后一次练习完成起来比较吃力。仅需要身体自重的练习，先完成 2 ~ 3 组、每组 8 次的练习，能够轻易地完成 3 组 8 次的练习后，将每组次数增加至 10 次。

腰 部

弓步移动拉伸练习

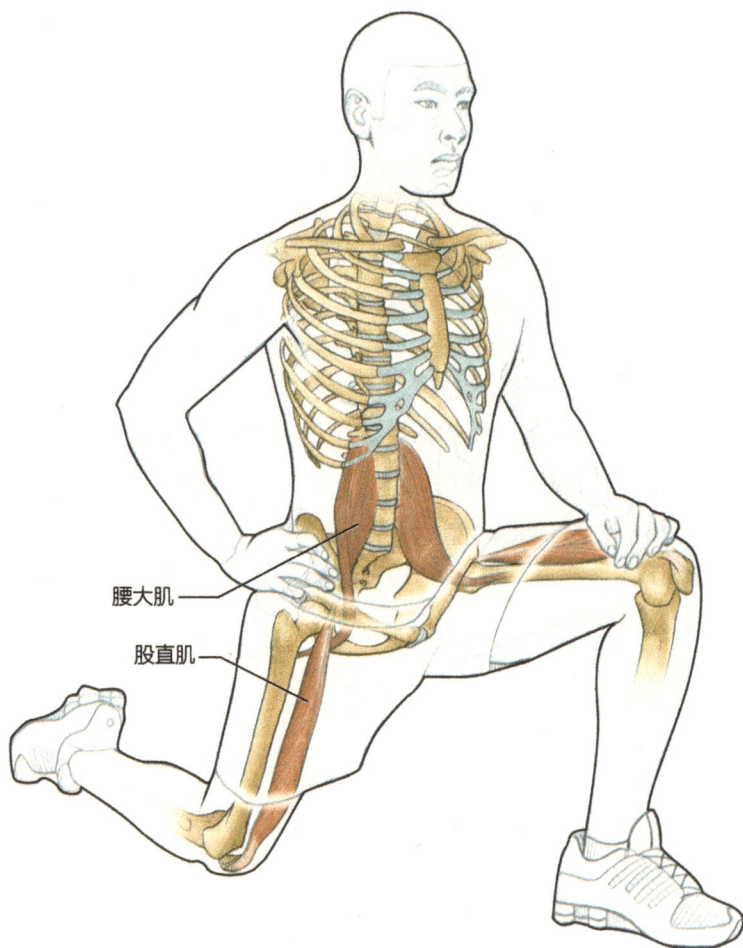

腰大肌
股直肌

训练步骤

　　1. 向前迈左脚，右膝触地，做出弓步姿势。

　　2. 整个练习过程中保持挺胸直背。

　　3. 屈前腿缓慢前移身体。

　　4. 当后腿大腿上部和内侧感到了拉力，坚持住，数到 5。

　　5. 恢复起始姿势，重复数次，换另一条腿，重复上述动作。

涉及的肌肉

主要肌群： 腰大肌、股直肌

高尔夫训练要点讲解

　　腰部疼痛是高尔夫球界一种非常普遍的伤痛。由于每次挥杆脊椎都承受了较大的力量，所以各块相关的肌肉都应各负其责保护脊椎。这种保护从准备击球时就开始了。准备动作中正确的脊椎角度有助于确保你在整个挥杆过程中运动角度正确。如果击球准备姿势不正确，实现有效挥杆的概率就会大幅下降。弓步移动拉伸练习有助于训练腰部和骨盆中的两块主要肌肉。如果这两块肌肉不能进行正确的运动，你不仅不能正确地完成准备和击球动作，而且每次挥杆都会增加腰部伤痛的风险。

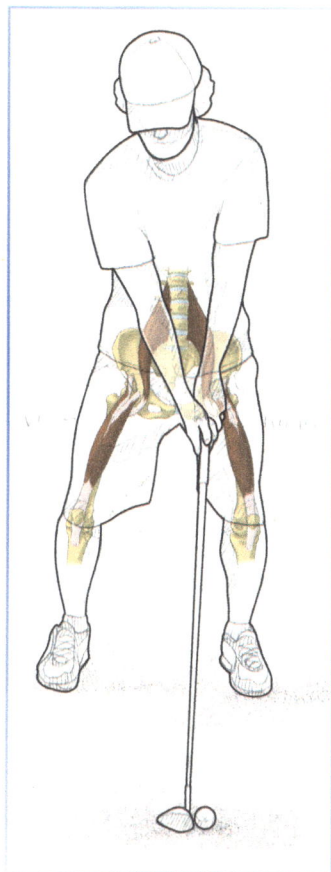

前俯式单手单脚练习

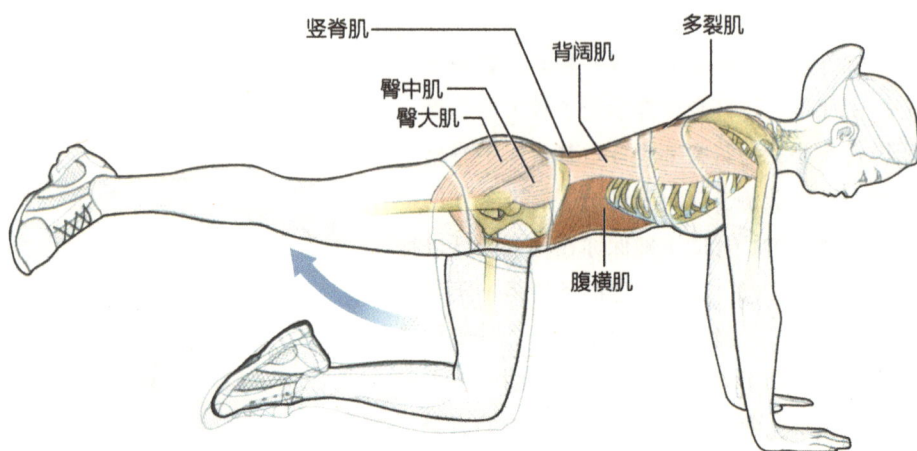

竖脊肌　　背阔肌　　多裂肌

臀中肌

臀大肌

腹横肌

训练步骤

1. 四脚着地，趴着，手在肩下，膝在臀下。
2. 始终保持背部和颈部挺直。
3. 在不移动骨盆或背部的情况下，提起右臂，向体前水平伸直。
4. 恢复起始姿势，换另一只手臂重复上述动作。
5. 接着抬起右腿，向体后水平伸直。
6. 恢复起始姿势，换另一只腿重复上述动作。

涉及的肌肉

主要肌群：腹横肌、多裂肌、竖脊肌

辅助肌群：臀中肌、臀大肌、背阔肌、菱形肌

高尔夫训练要点讲解

前俯式单手单脚练习是一种最常用的练习，用于下腰疼痛的康复，以及增加力量，且效果不错。这种练习不仅可以加强躯干中的很多肌肉，而且可以帮助身体学会如何在移动四肢时保持身体稳定。这对于高尔夫这类运动至关重要。这类运动要求某个部位必须保持稳定，而其他部位还要高速移动。如果不具备同时实现二者的能力，伤痛风险就会大幅增加。对于下腰，在整个挥杆过程中保持脊椎的角度正确非常重要。许多高尔夫球员的挥杆结束姿势呈现反向 C 形状的严重错误，造成下腰承受过大的压力。加强身体躯干的肌肉组织，同时让其他身体部位进行自由移动，有助于你在整个挥杆过程中直至挥杆结束保持脊椎角度正确，从而避免下腰受伤。

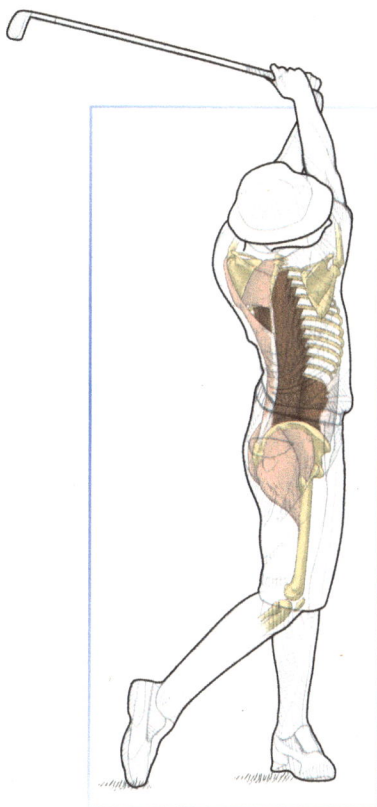

变体形式

前俯式对侧手脚练习

前俯式对侧手脚练习难度更大。姿势不变，运动方式相同，只是同时移动对侧的手臂和腿。保持骨盆和下腰不动，避免骨盆的倾斜，或脊椎拱起。

膝盖着地前平板练习

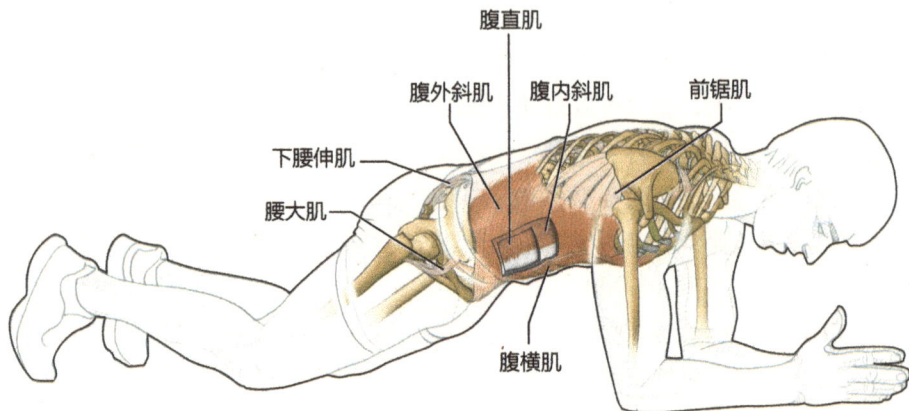

腹直肌

腹外斜肌　　腹内斜肌　　　前锯肌

下腰伸肌

腰大肌

腹横肌

训练步骤

1. 屈臂收于身体两侧，趴在地上。
2. 将身体撑离地面，加强腹部和腰部肌肉。
3. 用前臂和膝盖支撑身体重量。继续向下目视地面。
4. 保持这个姿势 15 ~ 20 秒。
5. 确保下腰不要下垂。
6. 保持身体姿势的时候不要忘记呼吸。

涉及的肌肉

主要肌群：腹横肌、腹直肌、腹内斜肌、腹外斜肌
辅助肌群：下腰伸肌、腰大肌、前锯肌

高尔夫训练要点讲解

　　高尔夫球员身体中最容易受伤或出现疼痛的部位是下腰。使用膝盖和前臂支撑身体重量的腹部平板姿势是一种压力较小、难度较低的练习，能够有效地保持脊椎小肌肉的力量和功能。如果你已经出现腰痛或是希望避免腰痛破坏你的高尔夫运动，这项练习是必不可少的。这项练习最重要的关键在于动作绝对不能变形。这样才能确保锻炼正确的肌肉，并且保护下腰。

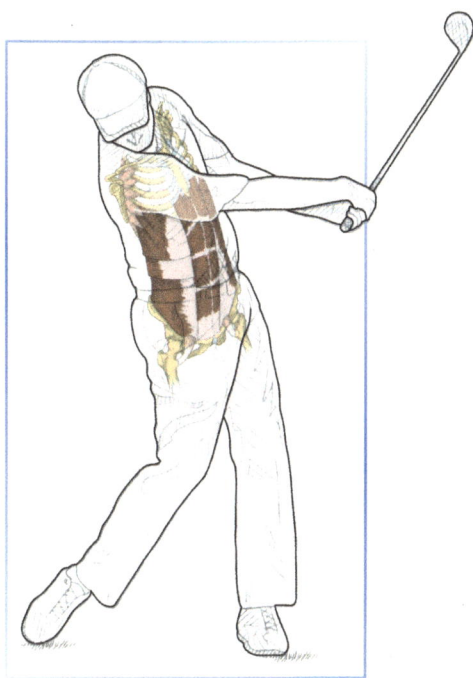

手 腕
手腕侧向上下移动练习

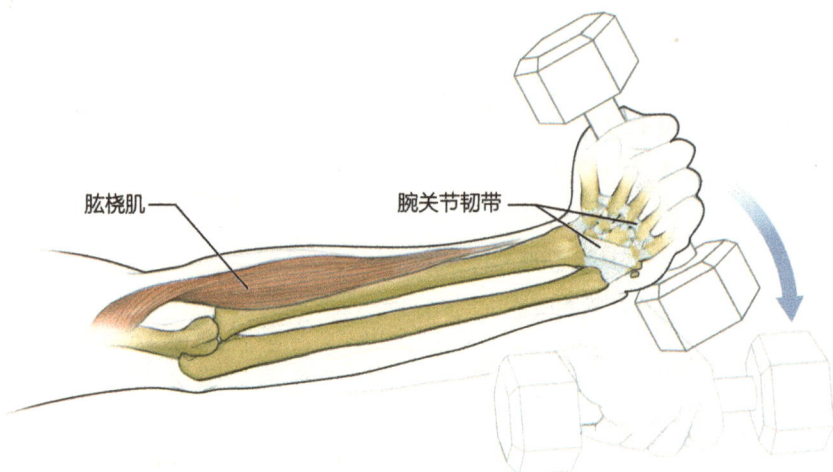

肱桡肌　　　　　　　　　腕关节韧带

训练步骤

1. 站立，右手握住 5 ~ 15 磅的哑铃，水平伸直置于体前。

2. 整个练习过程中，保持右肘伸直，右掌面向左侧。

3. 将右手缓慢向地面倾斜。

4. 接着再努力向上倾斜。

5. 重复数次，再换另一只手重复上述动作。

涉及的肌肉和韧带

主要肌群： 肱桡肌、腕关节韧带

高尔夫训练要点讲解

　　正确地运用双手是高尔夫挥杆动作中一项非常重要的内容。错误地移动双手和手腕可能造成你在挥杆过程中以多种方式进行补偿。当你进行后挥杆时，手腕必须转动才能让球杆处于正确的位置，然后才能进行下挥杆。如果做得不对，那么你必须改变挥杆的平面才能让杆面在击球前正对着球体。下挥杆过程中快速松杆准备击球时，还要求你完成很多腕部动作。高尔夫球员往往由于不能承受正确的腕部旋转或放松球杆造成的压力，从而引起腕部受伤。手腕的侧向上下移动不仅能够加强手腕的力量避免此类伤痛，而且有助于确保你的手腕具有充足的移动范围。

变体形式

手持高尔夫球杆进行腕部的侧向上下移动练习

　　这项练习还可以配合使用高尔夫球杆来进行，这能较大地增加练习的难度。手与杆头的距离越远，练习的难度越大。这种变体形式可以训练同样的肌肉，还能帮助你找到使用球杆进行腕部转动的感觉。

握球练习

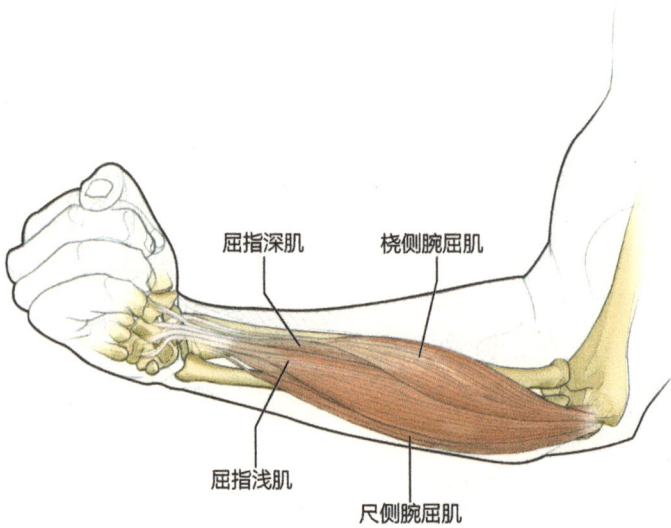

屈指深肌　　　桡侧腕屈肌

屈指浅肌　　　尺侧腕屈肌

训练步骤

　　1. 弯曲右臂 90 度，右手握高尔夫球站立。

　　2. 使出全力握球。

　　3. 坚持 2 秒，然后松开。

　　4. 重复数次，换左手重复上述动作。

涉及的肌肉

　　主要肌群：尺侧腕屈肌、桡侧腕屈肌、屈指浅肌、屈指深肌

高尔夫训练要点讲解

许多人都忘了增强腕部的力量，但是手腕是高尔夫球员身体中最常见的受伤部位。你进行的大部分挥杆动作，都不会在击球时遇到较大的阻力。但是，你往往需要大力挥杆让杆头穿过深草区，或是甚至在击球时突然让球杆停止。如果你的手腕力量不够大，不能应付这些力量，那么很快就会出现伤痛。虽然很多练习也能间接地增强腕部力量，但是握球练习能够直接增强腕部的力量。握球练习还能帮助你承受深草区挥杆或是全力挥杆突然停止造成的巨大压力。

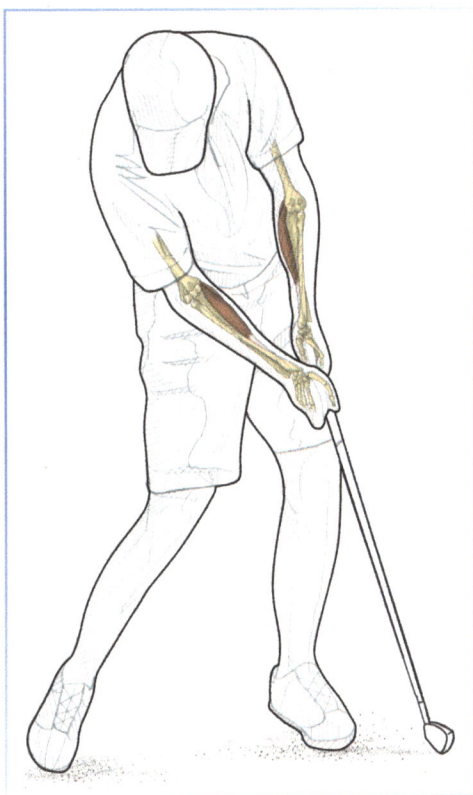

肩 部

肩部向外旋转侧向跨步练习

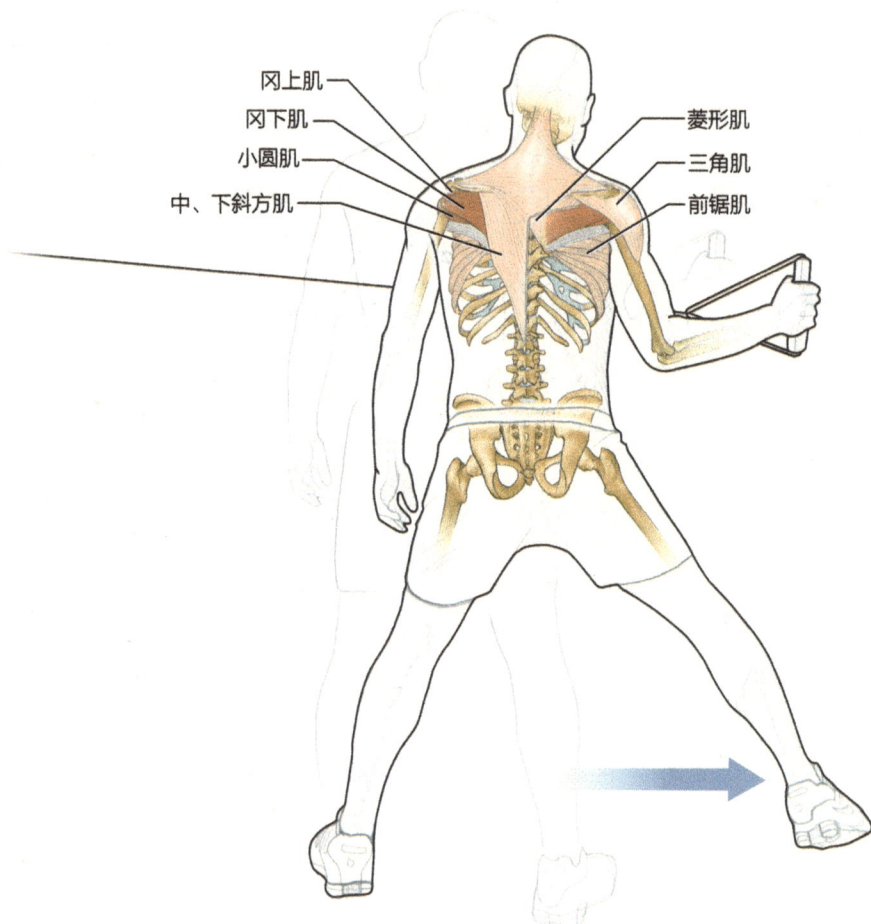

冈上肌

冈下肌

小圆肌

中、下斜方肌

菱形肌

三角肌

前锯肌

训练步骤

1. 两腿分开，与肩同宽，微弯膝部，站立。

2. 弹力绳拴在一根柱子或其他物体上。

3. 右臂弯曲 90 度，右手抓住弹力绳。

4. 仅通过肩部旋转，将右手向体外拉。

5. 整个练习过程中保持手臂的姿势。前臂、手腕和手必须始终在一条线上。

6. 使用双腿向右侧跨步，然后向左跨步回到原处。

7. 重复数次，再换左臂重复上述动作。

涉及的肌肉

主要肌群：冈上肌、冈下肌、小圆肌、肩胛下肌

辅助肌群：三角肌、中斜方肌、下斜方肌、前锯肌、菱形肌

高尔夫训练要点讲解

　　造成手腕受伤的原因有很多，比如手腕的肌肉力量不足，击球技术不佳，击球削起很深一块草，击中了埋在其中的一块石头或其他物体，室内练习击球时击中了垫子。不管什么原因，高尔夫球员，不论球技高低，都容易遭受腕部伤痛。从技术角度来看，高尔夫球员犯的一个毛病是在击球时手腕外翻或是内曲。击球时手腕外翻，造成钩状。击球时手腕内曲，往往容易造成击球失误，打出弧线球。这两种姿势，由于减少了球体的受力，造成击球距离大幅降低。肩部向外旋转侧向跨步练习有助于增强前臂和手腕的力量，还能极大地提升负责肩部稳定的肌肉的力量。这项练习非常适合带伤或是只想增强手腕、前臂以及后肩部力量的球员。

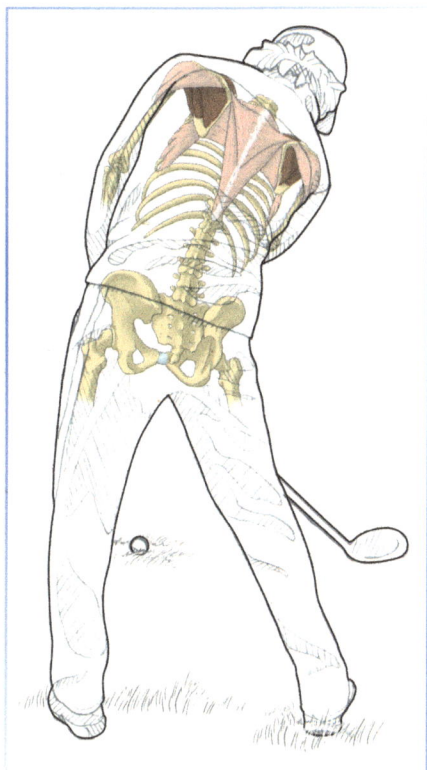

肩部单独收缩练习

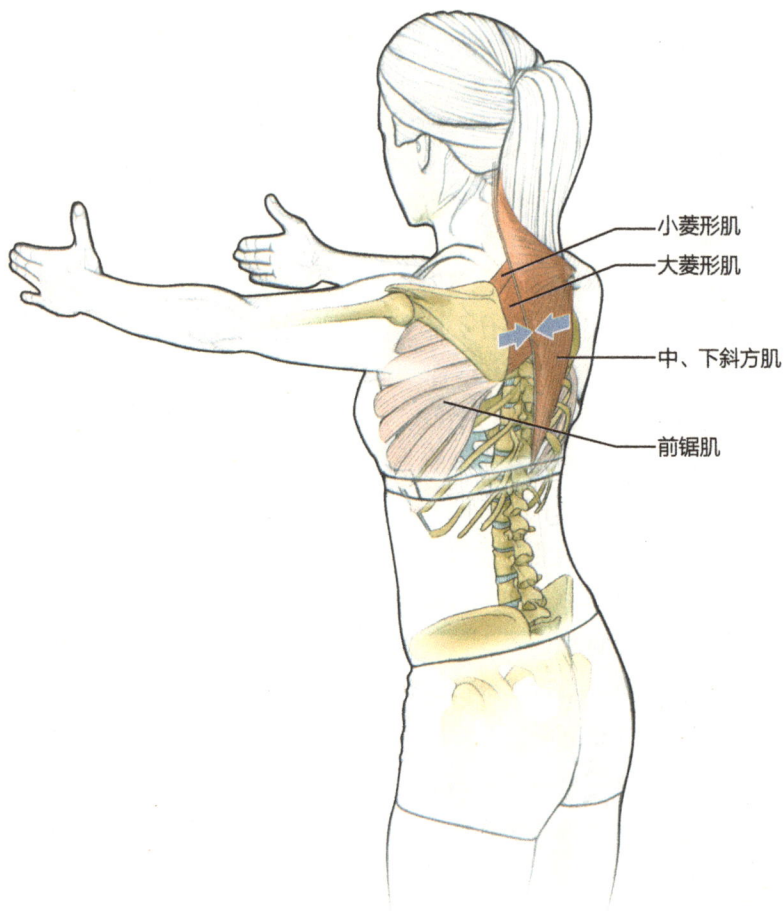

小菱形肌
大菱形肌
中、下斜方肌
前锯肌

训练步骤

1. 抬起双臂置于体前与肩同高。
2. 弓背，似乎想要抱住身体前方的某个东西。
3. 只挤压肩胛骨之间的肌肉，让肩胛骨彼此相向移动。坚持住，慢慢数到 8。
4. 不要向耳朵方向耸肩，整个练习过程中保持肩部下收。
5. 重复数次。

涉及的肌肉

主要肌群：中斜方肌、下斜方肌、大菱形肌、小菱形肌
辅助肌群：前锯肌

高尔夫训练要点讲解

　　肩部是高尔夫球员身体中最容易受伤的一个部位。这个部位还能造成挥杆过程中技术方面的问题。如果肩胛骨的移动范围不充分，会造成肩关节、上背和颈部的软组织（肌肉、肌腱和韧带）承受极大的拉力。肩胛骨功能不正常，往往会在高尔夫的挥杆过程中显现出来，造成球员不能在击球过程中松握球杆。相反，球员将会紧握球杆，造成前侧肘部逐渐展开呈现小鸡翅膀的形状。这常常导致球体向右侧弧线或侧旋飞行。学会如何充分伸展（肩胛骨彼此远离）和收缩（肩胛骨彼此靠近向脊椎运动）肩胛骨将会帮助高尔夫球员更轻松地将球杆移动到他希望的位置，也能减少上背和颈部承受的压力。

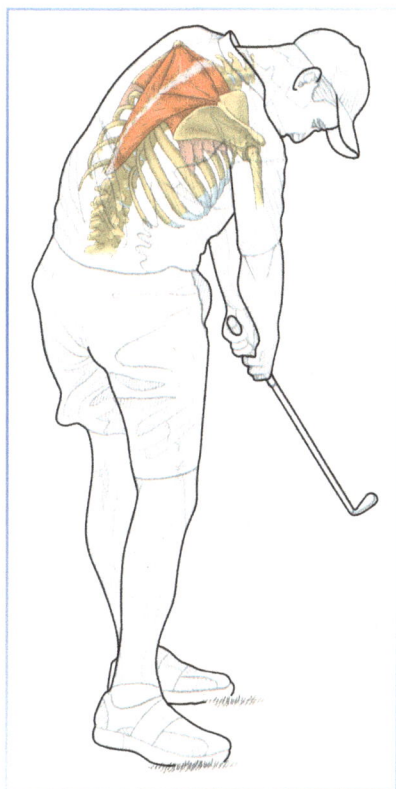

俯卧撑练习

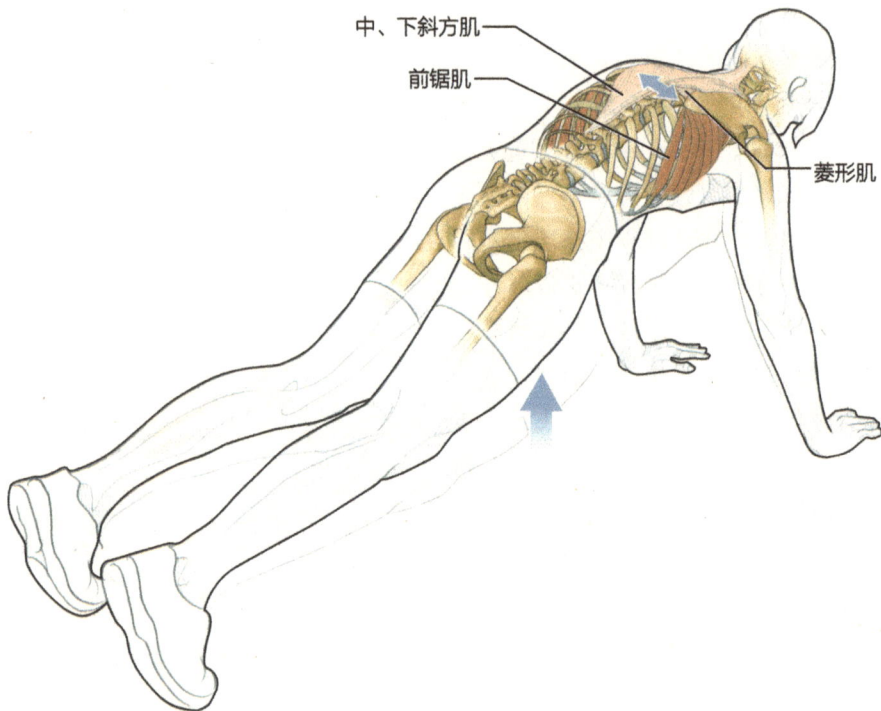

中、下斜方肌

前锯肌

菱形肌

训练步骤

1. 从俯卧撑姿势开始。

2. 向上撑起上背，同时缓慢尽力分离两块肩胛骨。

3. 将肩胛骨向一起微收，慢慢将后背降低 1 英寸（约 2.5 厘米）。手臂保持伸直。只有肩胛骨进行运动，脊椎不动。

4. 恢复起始姿势，重复上述动作。

涉及的肌肉

主要肌群：前锯肌

辅助肌群：菱形肌、中斜方肌、下斜方肌

高尔夫训练要点讲解

　　许多高尔夫球员不能充分旋转肩部让杆头运动到后挥杆顶点位置。相反，他们只是部分旋转肩部，然后用手臂举起球杆，让杆头移入顶点位置。举臂通常在球员停止转体后才进行，从而造成了一个击球平面过直。这些球员难以实现由内向外的挥杆路径，往往击起较深的草皮。

　　这些球员由于后方肩膀不能围绕着肋骨所以在击球之后难以松开紧握的球杆。肩胛骨却反而受困，球员在整个减速的过程中始终处于夸张的 C 型姿势中。这造成下腰和肩部承受很大的压力。俯卧撑＋练习帮助球员学会如何正确实现肩胛骨分离和收缩，同时提高躯干的稳定能力。

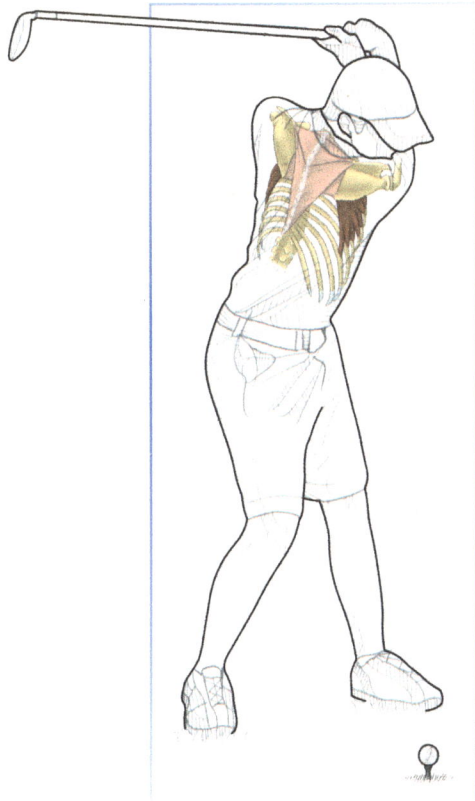

变体形式

完整俯卧撑练习

　　能够轻易完成俯卧撑练习时，就可以在进行正常的俯卧撑练习的同时完成上面的练习。这次不同的是，你在手臂伸直撑起时，将肩胛骨进行几乎最大化的分离。也可以用膝盖支撑完成此项练习。

侧卧拉伸练习

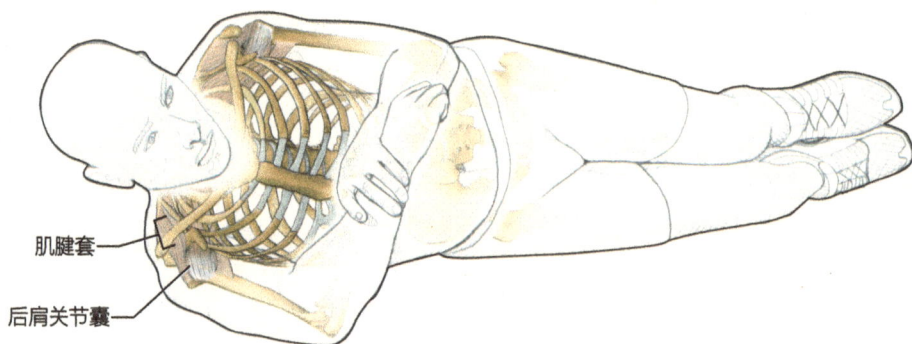

肌腱套

后肩关节囊

训练步骤

1. 右侧侧躺。

2. 屈右臂 90 度，肘部与肩同高。

3. 将左手置于右前臂后侧。

4. 将左臂推向右手腕的后方，将右前臂向地面方向压。

5. 当右肩感到强烈的拉伸感，暂停并坚持 20 秒。

6. 换左侧重复上述动作。

涉及的肌肉

主要肌群： 后肩关节囊

辅助肌群： 肌腱套

高尔夫训练要点讲解

　　肌腱套伤痛在职业和业余的高尔夫球员中都很常见。原因之一是肩关节囊（连接肩胛骨和肱骨的类似韧带的结构）过紧，尤其是关节囊的后部。如果关节囊过紧，会让肱骨过多插入肩关节，使得组成肌腱套的肌肉承受的压力增大，受伤的风险增加。侧卧拉伸练习非常有利于保持肌腱套的灵活性，从而避免肩部移动性的下降，减少肩部肌腱套受伤的次数。进行这项练习时，在整个拉伸过程中要让躯干稍微前倾，不让肩胛骨移动。让肩关节进行运动，而不是肩胛骨。

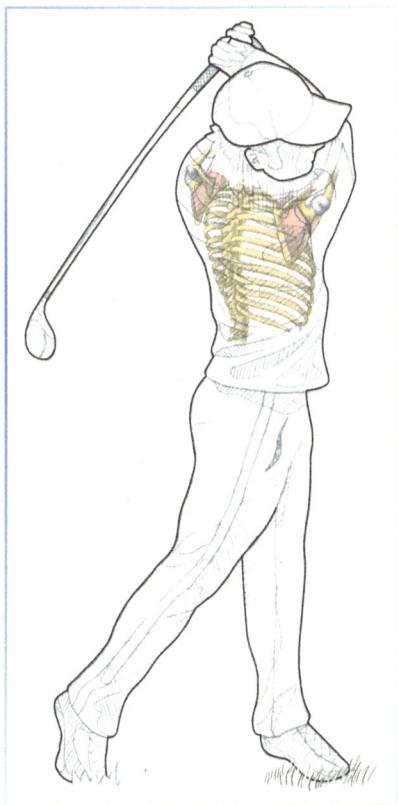

变体形式

侧卧拉伸 90 度上下移动练习

　　进行侧卧拉伸练习时，将手肘从与肩同高的位置向上或向下移动 10 ~ 15 度，这有助于分离肩关节囊的不同部位，从而更有效地增加肩关节的运动量。

肘 部
使用哑铃进行前臂伸展练习

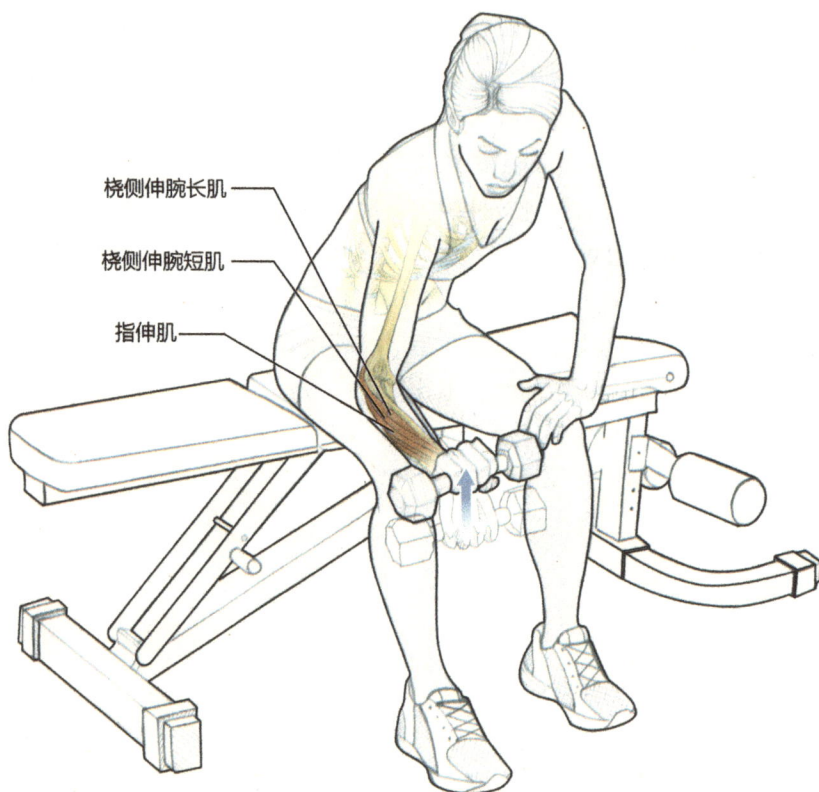

桡侧伸腕长肌

桡侧伸腕短肌

指伸肌

训练步骤

1. 右手抓住哑铃，坐在长凳上，将右前臂置于右大腿上，掌面向下。

2. 首先伸直手腕，再慢慢地上提手腕，充分伸展。

3. 坚持住，数到 2，恢复起始姿势。

4. 重复数次，然后换左手重复上述练习。

涉及的肌肉

主要肌群： 桡侧伸腕长肌、桡侧伸腕短肌、指伸肌

高尔夫训练要点讲解

　　到现在你很可能已经明白，高尔夫的挥杆过程中形成的大部分能量来源于正确实现、保持和释放身体角度的能力。虽然身体中大的肌肉具有较大的爆发潜力，前臂中较小的肌肉也有这种潜力。随着下挥杆动作的开始，高尔夫球员试图保持或者甚至减小手臂与球杆之间的角度。下挥杆过程中保持这个角度的能力要求前臂肌肉具备力量和控制力。然而，很多情况下，对这些肌肉的要求超过了它们的能力。这样肯定会造成伤痛。利用哑铃进行前臂伸展练习非常有助于训练这些肌肉的力量，从而能够保持球杆的角度，也能避免伤痛。

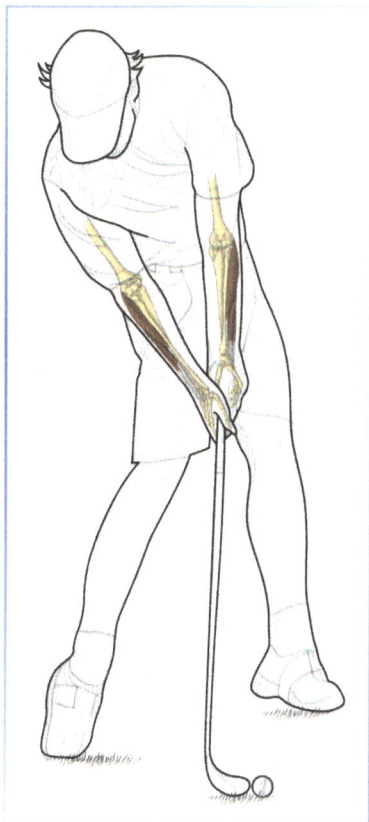

变体形式

使用杠铃进行前臂伸展练习

　　使用杠铃练习同样的肌肉。这种练习增加提拉的负重，减少使用哑铃时所需的控制力。确保只有腕部进行运动，不能使用动能举重。

使用哑铃进行前臂弯曲练习

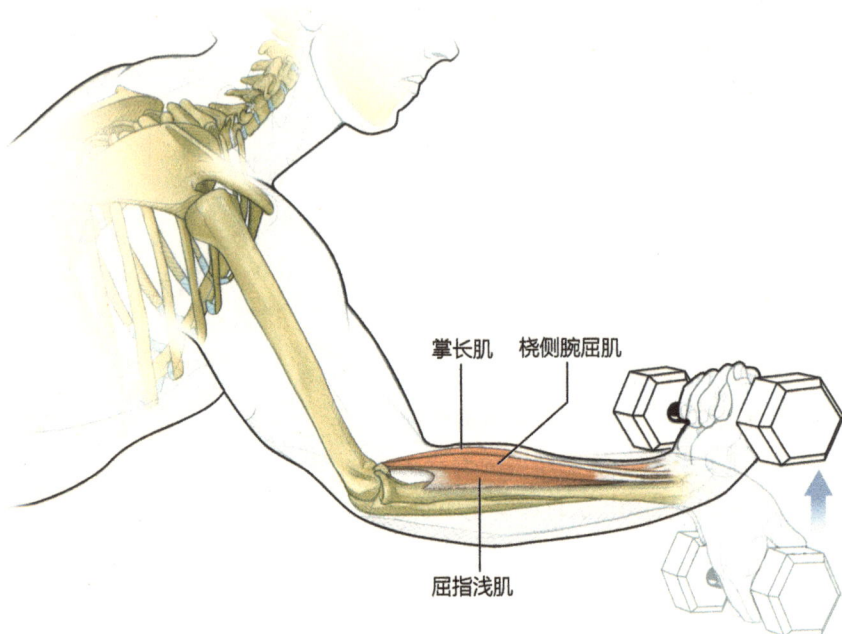

掌长肌　　桡侧腕屈肌

屈指浅肌

训练步骤

1. 右手抓住哑铃，坐在板凳上，将右前臂置于体前，掌面向上。

2. 手腕首先下垂，然后缓慢提腕向上完全弯曲。

3. 坚持住，数两下，恢复起始姿势。

4. 重复数次，然后换左手重复上述动作。

涉及的肌肉

主要肌群：桡侧腕屈肌、尺侧腕屈肌、掌长肌、屈指浅肌、屈指深肌

高尔夫训练要点讲解

　　高尔夫的挥杆动作中许多环节都要实现并保持各种角度。然而，如果这些角度得不到正确的释放，那么所储存的所有力量都将被浪费，不能传递给球体。在下挥杆开始的时候，目的是延迟释放，或保持手臂和球杆之间的角度。随着下挥杆的继续，必须松开球杆，增加球杆的速度，让球杆杆头恢复正确的位置，以便正面击球。松杆需要前臂肌肉的力量。前臂肌肉最常见的受伤是由于使用过度或是松杆过早所造成的。如果你过快减小手臂与球杆之间的角度，前臂肌肉将会承受过大的压力，加速肌肉受伤。要避免伤痛，首先要确保不要做这种错误的挥杆动作。同时还要加强前臂的曲肌，使其能够经受松杆造成的压力。即使具备正确的挥杆技巧，这些肌肉也必须能够承受你在打高尔夫球的生涯中进行的数以千次的挥杆。

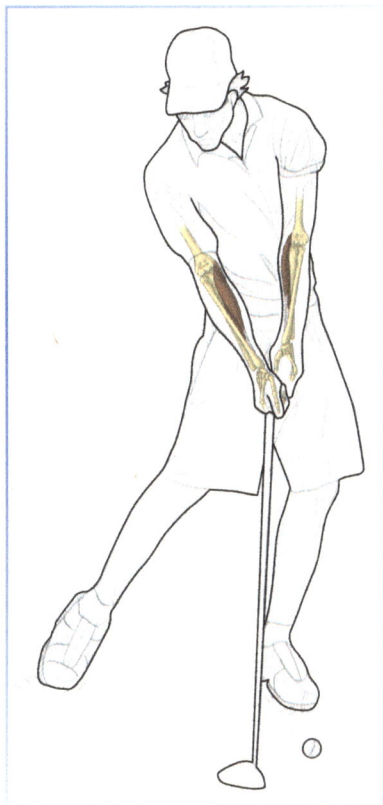

变体形式

使用杠铃进行前臂弯曲练习

　　使用杠铃练习同样的肌肉。这种练习增加提拉的负重，减少使用哑铃时所需的控制力。确保只有腕部进行运动，不能使用动能举重。

使用哑铃进行旋转练习

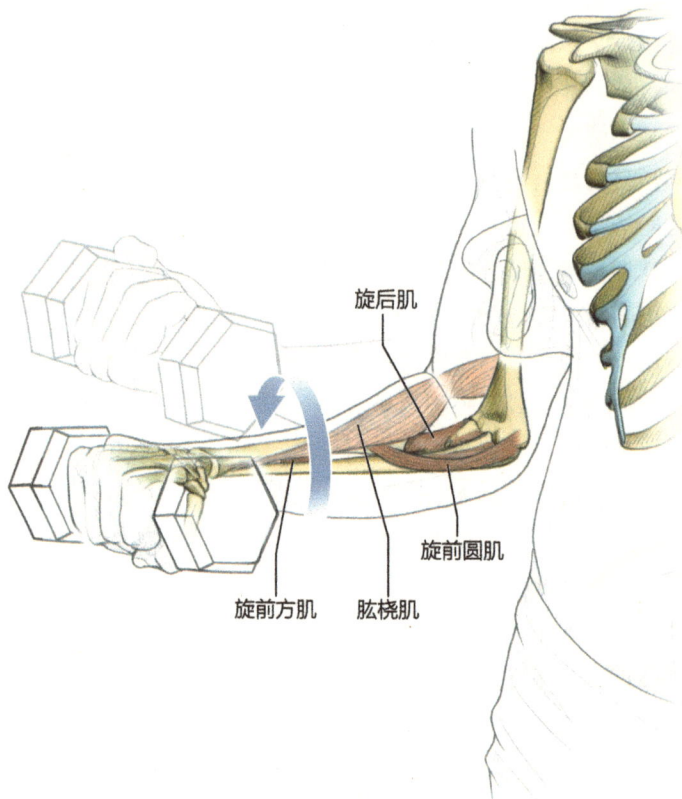

旋后肌

旋前圆肌

旋前方肌　　肱桡肌

训练步骤

　1. 手持哑铃，侧向屈肘 90 度站立。

　2. 缓慢充分翻转手腕和前臂，让掌面朝向地面。

　3. 缓慢反向翻转手腕和前臂，让掌面朝上。

　4. 换臂重复上述动作。

涉及的肌肉

　主要肌群： 旋前圆肌、旋后肌、旋前方肌

　辅助肌群： 肱桡肌

高尔夫训练要点讲解

我们在思考挥杆动作时，往往过于关注提高下挥杆的速度。然而，击球之后的动作也是非常重要的。击球一结束，手臂必须保持伸展，双手向上翻转。手腕的这个动作要求前臂部分肌肉具备力量。击球后需要快速且准确地控制手腕可能造成前臂肌肉受伤。使用哑铃进行旋转练习能够加强肌肉，促进球杆的正确翻转。通过这种方法增强肌肉的力量，还能帮助你避免重复挥杆以及快速翻腕造成的肘部伤痛。

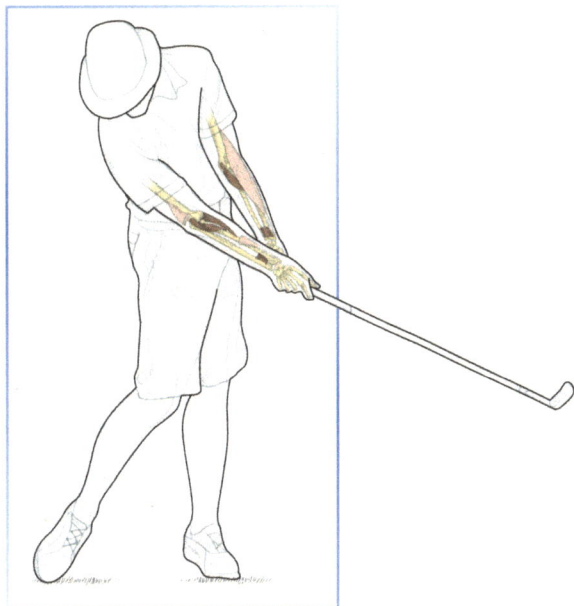

变体形式

手持高尔夫球杆进行旋转练习

可以使用高尔夫球杆完成相同的练习。虽然球杆较轻，但由于它的长度较长，所以难度实际上不小。手与杆头的距离越长，练习的难度也越大。

臀 部
蚌式练习

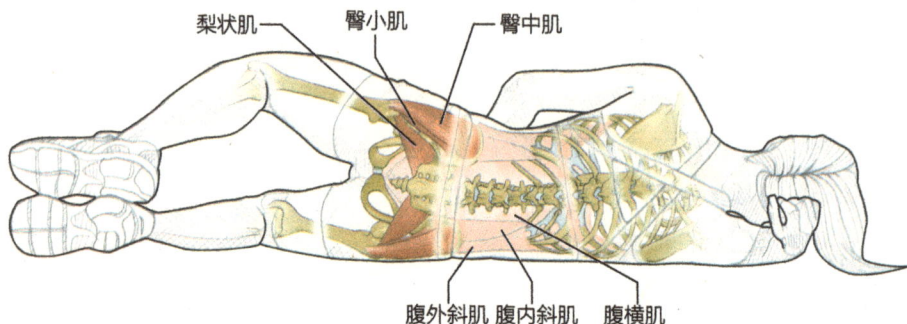

梨状肌　臀小肌　臀中肌

腹外斜肌　腹内斜肌　腹横肌

训练步骤

1. 右侧侧躺，屈膝 90 度左右，保持脚踝、臀部和肩部成一直线。
2. 两脚保持接触，缓慢抬起上腿的膝盖，尽力上抬。
3. 整个练习中不要让骨盆或下腰移动。
4. 恢复起始姿势，重复数次，换另一只腿重复上述动作。

涉及的肌肉

主要肌群： 臀中肌、臀小肌、梨状肌
辅助肌群： 腹内斜肌、腹外斜肌、腹横肌

高尔夫训练要点讲解

臀部在高尔夫的挥杆过程中发挥了非常重要的作用。臀部关节疼痛或受伤可能造成臀部关节在挥杆过程中无法正确地移动。在考虑臀部的力量之前，你首先要确保在不移动骨盆和躯干的情况下能够正确移动臀部。这对于实现有效的臀部机械运动和挥杆动作至关重要。当你进行后挥杆时，前侧臀部必须能够独立于身体的其他部位展开。这种自由的移动能够减轻臀部关节的压力，有助于避免伤痛，让你能够围绕球体进行旋转运动。蚌式练习是一种绝佳的练习，确保你不仅能够正确地旋转臀部，还能保持身体躯干和骨盆的稳定。

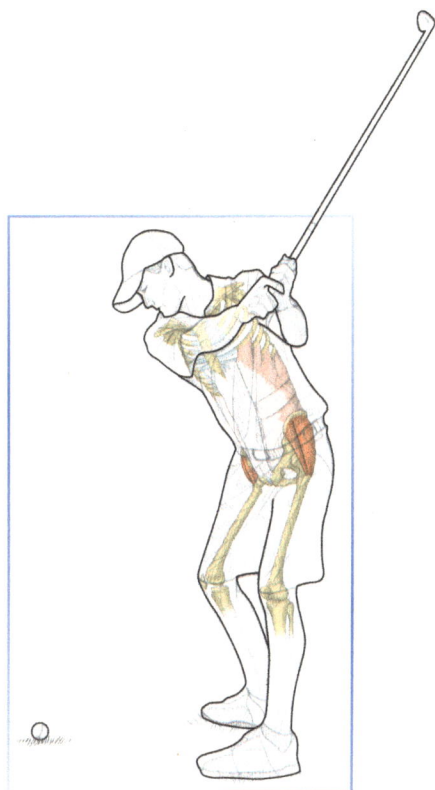

4 字形腿部伸展练习

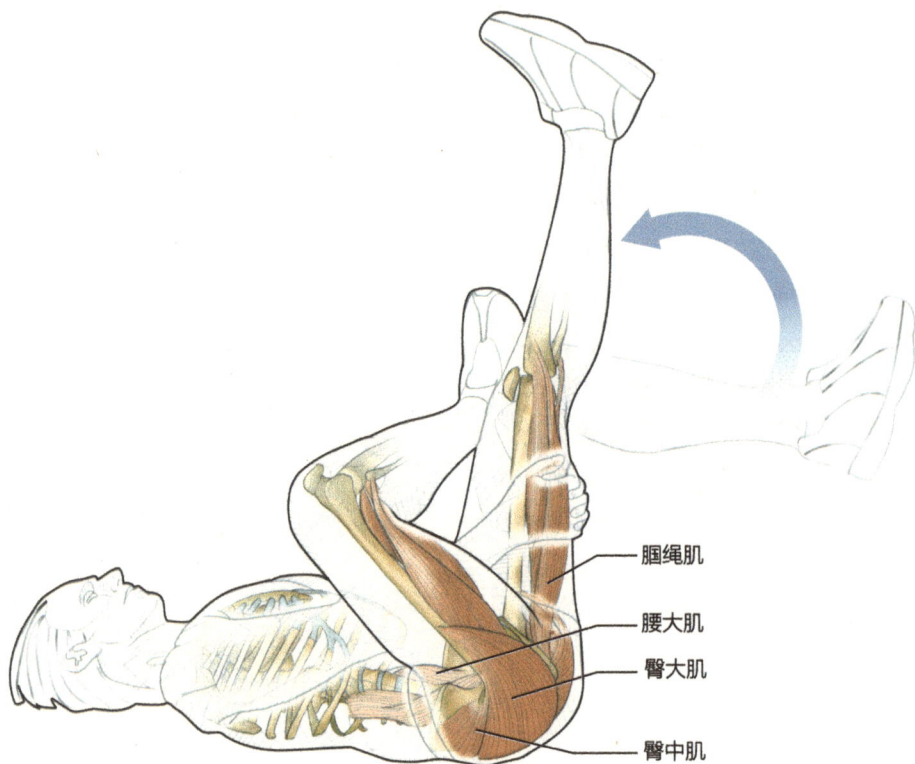

胭绳肌

腰大肌

臀大肌

臀中肌

训练步骤

1. 平躺，屈左膝 90 度左右，交叉右脚踝，置于左大腿之上。

2. 双手抱住左大腿，将其向胸部提拉，直至左臀部出现拉伸感。

3. 轻轻地将腿向胸部拉，增加臀部的拉伸感。

4. 伸直左膝，感受到胭绳肌的拉伸。

5. 坚持 20 ~ 30 秒。

6. 换另一侧重复上述动作。

涉及的肌肉

主要肌群： 胭绳肌、臀中肌、臀大肌

辅助肌群： 腰大肌

高尔夫训练要点讲解

许多挥杆错误和下腰伤痛都直接源于连接足底至小腿肚，小腿肚到腘绳肌，从腘绳肌到骨盆和下腰的肌肉、肌腱和韧带组成的链条缺乏移动性。许多球员由于这些组织缺乏灵活性，做不到击球区域内将胸部置于球体的上方。4 字形腿部伸展练习能够有效地同时拉伸腘绳肌和对侧臀部的肌肉。这项练习既提高了高尔夫的球技，又降低了下腰和臀部受伤的风险。

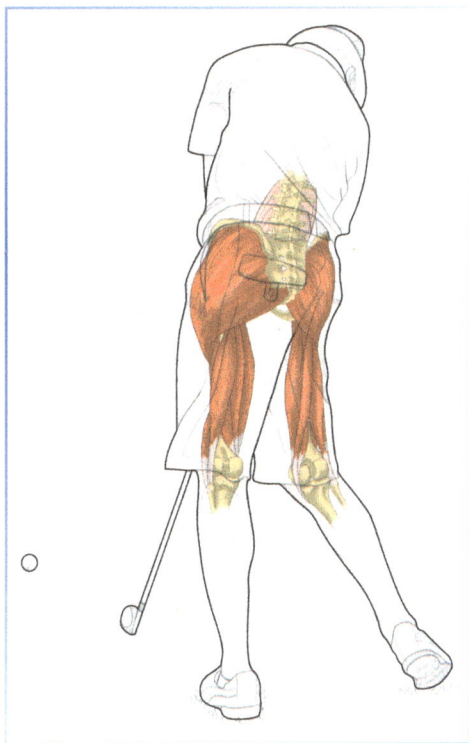

变体形式

4 字形腿部拉伸和向足背弯曲练习

这项练习有一种更高级的形式，即将伸直的那条腿的脚趾朝向脸部下拉。这样可以拉伸连接脚趾一直到下腰的组织。你的左膝外侧和膝部的背侧可能会有灼烧感，或只是腿肚肌肉有更强烈的拉伸感。具体出现哪种情况，完全取决于哪里的身体组织自由拉伸的能力受限更多。

练习查询表

正确移动身体实现最佳挥杆角度

稳定性可保证挥杆动作的连贯性

避免高尔夫运动中的 5 大薄弱身体部位出现伤痛

腰部

手腕

肩部

肘部

臀部